AF467650

MEMOIRE

POUR

PIERRE MONROUX,

Capitaine de frégate dans la Marine française, et ci-devant Chef des mouvemens du port, à la Pointe-à-Pitre, île de la Guadeloupe.

A PARIS,
DE L'IMPRIMERIE EXPÉDITIVE,
Rue Ticquetonne, N°. 122.
AN XI. — 1803.

MEMOIRE

POUR

PIERRE MONROUX,

Capitaine de frégate dans la Marine française, et ci-devant Chef des mouvemens du port, à la Pointe-à-Pitre, île de la Guadeloupe.

INJUSTEMENT détenu depuis un an, soit à Brest, soit dans les prisons de Paris, il est tems que je produise les preuves de mon innocence.

Pour être tardive, ma justification ne sera pas moins éclatante.

J'ai dû la publier en présence du seul homme qui m'accuse, de celui qui fut l'auteur de tous mes maux et qui abusa si cruellement envers moi de son autorité. J'ai dû par-conséquent attendre l'arrivée, en France, du contre-amiral *Lacrosse*.

C'est dans son accusation même que je puiserai mes moyens justificatifs, et que je trouverai la preuve des injustices dont il m'accabla.

Je ne parlerai pas des sacrifices que m'a coûté le long silence auquel j'ai été forcé de me condamner, parce que mon honneur, le seul bien qu'il n'a pas été au pouvoir du contre-amiral Lacrosse de me ravir, les a exigés.

Il est pénible pour moi d'entrer en lice avec mon supérieur, et d'être obligé peut-être de l'attaquer pour me justifier ; mais ma position est telle, que je dois, en me renfermant néanmoins dans les bornes de la modération et de la décence, user de la plus grande latitude.

Occupé depuis mon enfance du métier des armes, je ne me dissimule pas combien la tâche que je me suis imposée est difficile à remplir. Mais je ne parlerai que le langage de la vérité : c'est l'érudition de l'innocence ; et je suppléerai à l'élégance du style et aux prestiges de l'éloquence par la plus grande simplicité. Je serai même forcé d'employer quelques termes de marine qui seront peut-être inintelligibles pour plusieurs de mes lecteurs, mais qui sont particulièrement nécessaires à ma justification, sur-tout pour les marins, mes juges naturels.

Pour mettre plus d'ordre et plus de précision dans l'exposition des causes de mon emprisonnement et dans le développement de mes moyens justificatifs, je diviserai ce Mémoire en trois parties.

Je donnerai, dans la première, une idée générale des événemens qui eurent lieu à la Guadeloupe depuis l'arrivée, en prairial an 9, du contre-amiral Lacrosse, revêtu du titre de Capitaine-Général de la colonie, jusqu'à sa retraite chez les Anglais. Je présenterai en même-tems le détail des faits qui me sont personnels, et je démontrerai que je fus étranger à l'insurrection qui éclata contre son autorité, le 29 vendémiaire an 10.

J'établirai, dans la seconde partie, que le contre-amiral Lacrosse outrepassa ses pouvoirs, et commit, à mon égard, la plus révoltante injustice, en me *destituant*, sans motifs, de l'emploi de Chef des mouvemens maritimes, à la Pointe-à-Pitre, emploi que j'exerçais depuis 1783.

Je parcourerai, dans la troisième partie, ce qui s'est passé à la Guadeloupe, depuis le départ du contre-amiral Lacrosse, jusqu'au moment où je reçus l'ordre de me rendre en France.

Les preuves les plus évidentes de mon innocence et de l'injustice du capitaine-général Lacrosse, résulteront nécessairement de cet ensemble.

PREMIERE PARTIE.

Le contre-amiral Lacrosse fut un de ces hommes qui surent le mieux calculer les chances et les événemens de la révolution française.

Lorsqu'elle éclata, il était capitaine de vaisseau.

Les colonies formaient alors avec la France un contraste remarquable ; elles jouissaient de la plus profonde tranquillité ; elles étaient dans l'état le plus florissant, tandis que la France, déchirée par des factions, offrait le spectacle horrible du désordre et de l'anarchie.

On conçoit facilement que les colonies durent réveiller la cupidité et l'attention des hommes qui dirigeaient la révolution.

Il fallait conséquemment y introduire l'esprit d'insubordination, et y propager les nouveaux principes. Le succès ne pouvait être douteux.

Offrir la liberté à des nègres, à des hommes qui étaient esclaves depuis la découverte de l'Amérique; les admettre dans la société dont ils n'avaient jamais fait partie; c'était un moyen certain d'augmenter le nombre des révolutionnaires, mais aussi c'était tarir la source de la prospérité des colonies; c'était vouloir les anéantir.

Le capitaine Lacrosse parut aux îles du Vent à la fin de 1792, commandant la frégate *la Félicité*.

Après avoir parcouru Sainte-Lucie, d'où il répandit dans les Antilles les premiers germes révolutionnaires, il arrive à la Guadeloupe; il forme des sociétés populaires; il les préside lui-même; en un mot, il révolutionne les hommes de couleur; disons mieux, la colonie toute entière (*); les nègres même, séduits par l'exemple, furent bientôt *à la hauteur des principes*.

Cependant le capitaine Lacrosse avait été accueilli, par les hommes de couleur, comme un bienfaiteur; il avait acquis des droits certains à leur confiance par son excessive popularité.

Encouragé par les succès prodigieux qu'il obtenait, le capitaine Lacrosse, de simple envoyé qu'il était du Ministre de la marine pour porter, dans les Antilles, les décrets de la Convention nationale et différens

(*) Voyez le *Compte rendu* par le capitaine Lacrosse, de sa mission aux îles du Vent.

écrits relatifs à la journée du 10 août, se fait nommer Gouverneur provisoire de la Guadeloupe par une commission extraordinaire.

Je ne retracerai point tous les maux qui furent la suite des changemens qu'il introduisit dans les colonies, ils ne sont que trop réels, que trop généralement connus.

Il fut remplacé par le général *Collot.*

J'ai été forcé de citer succintement la première mission du capitaine Lacrosse, parce qu'elle se lie naturellement aux événemens qui ont eu lieu dans la seconde.

J'arrive à la journée du 18 brumaire, à cette journée à jamais mémorable qui changea tout-à-coup les destinées de la France, qui fit succéder l'ordre à l'anarchie, et qui plaça les rênes de l'État dans les mains du Héros qui avait préparé cet heureux événement par ses innombrables victoires, et par sa profonde sagesse.

Après avoir régénéré la France, le PREMIER CONSUL daigna s'occuper du sort des colonies; il voulut aussi les faire jouir des avantages du nouvel ordre de choses, et y effacer jusqu'aux traces des ravages de la révolution.

Tel fut le motif important de la seconde mission du contre-amiral Lacrosse à la Guadeloupe.

Il y arriva en prairial an 9, comme je l'ai déjà dit, revêtu du titre de capitaine-général, et des pouvoirs du Gouvernement.

Les hommes que le capitaine-général Lacrosse avait révolutionné en 1793, ne l'avaient pas oublié;

il avait laissé parmi eux des souvenirs trop chers. Ils le reçurent donc comme leur protecteur, comme l'homme à qui ils devaient leur nouvelle existence.

Mais les tems n'étaient plus les mêmes ; les principes d'après lesquels le capitaine-général Lacrosse devait se diriger, étaient bien différens de ceux qu'il avait professés en 1793.

Il annonça donc l'objet de sa mission par une proclamation.

Les habitans de la colonie oubliaient déjà tous leurs malheurs passés ; ils bénissaient le PREMIER CONSUL ; ils allaient enfin goûter les douceurs de la paix, et jouir des bienfaits que leur promettait, en son nom, le contre-amiral Lacrosse.

Mais de sinistres événemens vinrent bientôt les replonger dans de nouveaux malheurs.

Sept jours après son arrivée dans la colonie, le capitaine-général Lacrosse crut devoir prendre inopinément des mesures rigoureuses. Une foule de citoyens de toutes les classes, de toutes les couleurs, furent arrêtés.

Il est aisé de sentir combien ces arrestations ordonnées si précipitamment, et sans y avoir préparé les esprits, étaient impolitiques.

Ces saillies imprudentes causèrent les plus grands maux ; les hommes de couleur et les noirs de la force armée manifestèrent leur mécontentement ; ils considérèrent ces premiers actes comme le prélude du rétablissement de l'esclavage ; ils ne virent plus, dès-lors, qu'un ennemi dans la personne du capitaine-général Lacrosse.

Je fus moi-même une des premières victimes de l'abus qu'il fit de son autorité; il avait, dès longtems, comme j'aurai occasion de le démontrer, résolu de me dépouiller du titre de capitaine de port, chef des mouvemens à la Pointe-à-Pitre, et par un seul acte de sa volonté, il prononça *ma destitution*, le 16 messidor, sans motifs, et sans avoir seulement voulu m'entendre.

Le laconisme de l'arrêté qu'il prit à ce sujet, et que je rapporterai littéralement en revenant, dans la seconde partie de ce Mémoire, sur ce honteux monument de son injustice, atteste assez que je ne méritais aucun reproche, et bien moins encore une *destitution*.

Cependant les arrestations se multiplièrent d'une manière effrayante jusqu'au 29 vendémiaire.

Il faut le dire sans déguisement, quoique le contre-amiral Lacrosse eut annoncé, par ses discours, qu'il avait adopté les principes de justice et de modération du Gouvernement consulaire, il avait conservé les formes et les ressources des hommes de 1793.

C'était par la fermeté, par la douceur, par la persuasion, qu'il devait gouverner la colonie : ce fut par la violence, par les incarcérations, par la plus odieuse tyrannie qu'il voulut remplir les intentions paternelles du PREMIER CONSUL.

Il était difficile que de pareils moyens n'entraînâssent pas les plus grands désastres.

En effet, une insurrection dans la force armée, composée de noirs, et de quelques hommes de couleur, éclate le 29 vendémiaire à la Pointe-à-Pitre; le capitaine-général Lacrosse veut l'appaiser par la force des armes; il met *hors la loi* le chef de brigade Pélage, commandant de cet arrondissement; il part de la *Basse-Terre* où il se trouvait alors, et marche avec des pièces de canon et cinq à six cents hommes contre les insurgés.

Ici je suis forcé d'entrer dans quelques détails infiniment minutieux, qui tiennent essentiellement à ma justification, et de rendre compte de ce qui se passa dans cette journée et dans celle du 2 brumaire.

Depuis ma destitution, je m'étais retiré sur une propriété que je possède à trois quarts de lieue de la Pointe-à-Pitre.

Je vivais heureux au milieu de ma famille; elle seule formait toute ma société, car je m'étais isolé de mes plus intimes amis.

Quinze jours avant l'événement du 29 vendémiaire, j'étais occupé des moyens de former une maison de commerce.

Pour déterminer la mise de fonds, je fus obligé d'aller visiter les habitations que je tenais à ferme de la république, dans les quartiers de Petit-Bourg et Goyave, ainsi que celles de mon associé au *Port-Louis* et à l'*Anse-Bertrand*.

Durant mon absence, ma famille s'était retirée à la Pointe-à-Pitre chez un de mes beaux-frères.

Mon opération fut terminée le 28 vendémiaire au soir.

Le 29, à huit heures du matin, je m'embarquai au Port-Louis dans une pirogue de passage pour me rendre auprès de ma famille : j'arrivai à midi.

En débarquant, j'entends crier au feu. Je m'informe : on me dit que c'est au bas du morne de la *Victoire*.

J'accours auprès de ma femme, je la rassure; et pour être en état de fournir plus facilement des secours, je quitte mon habit de voyage, et je prends une simple veste.

Je me rends avec d'autant plus d'empressement au lieu que l'on m'avait désigné, que j'ai, au pied du morne de la Victoire, une maison considérable, pour laquelle je devais naturellement craindre. Mais, arrivé près de la grande place, je rencontre une foule de citoyens effrayés qui fuyaient en désordre. Je ne pus parvenir à savoir d'eux la cause de leur effroi; enfin j'aperçois des hommes armés criant: *Ce n'est pas le feu, on veut nous égorger*.

Je connus alors seulement tout le danger de notre situation. Comme c'était un jour consacré au marché et au repos des noirs qui affluaient ordinairement ces jours-là dans la ville, je crus qu'ils s'étaient insurgés.

Je retourne donc chez mon beau-frère; je m'arme de son sabre: je rencontre en sortant le citoyen *Regis-Leblanc*, commissaire du Gouvernement près l'agence municipale, qui courait à la maison commune; je lui demande la cause du désordre qui régnait dans la ville; il m'engage à le suivre pour m'en instruire; je lui observai qu'on battait la générale, et que le poste d'un militaire était auprès de l'autorité militaire : il m'engagea alors à me rendre chez le chef de l'état-major, *Souliers*, lieu du rendez-vous général; j'y courus aussitôt.

Je le trouvai seul, le sabre à la main, à la porte de sa maison; je lui offris mes services, et l'invitai à appeler auprès de lui les bons citoyens; je me permis de lui faire plusieurs questions sur ce mouvement extraordinaire, il ne put me répondre, tant il était troublé et irrésolu.

Le commandant de la garde nationale, le citoyen *Benoît*, nommé depuis peu de jours, par le capitaine général Lacrosse, à cette place importante, ayant entendu battre la générale, se rendit aussi près du citoyen Souliers pour prendre ses ordres. « Allez au fort de la Victoire, lui dit-il, » prendre ceux du commandant *Pélage*. » (*)

Le citoyen Benoît s'y rendit en effet; j'appris ensuite que la force armée l'y avait retenu.

Cet ordre du chef de l'état-major au citoyen Benoît, avec lequel il était intimément lié, établit plus fortement dans mon esprit la première idée que j'avais eue que ce mouvement était produit par les noirs de la campagne.

Cependant les citoyens s'armaient, se réunissaient devant la maison du citoyen Souliers, et formaient une ligne dans la grande rue.

Madame *Lesage*, ma nièce, qui demeure presque vis-à-vis cette maison, me fit signe d'aller à elle.

(*) Le chef de brigade *Pélage*, commandant l'arrondissement de la Grande-Terre, était alors le premier chef militaire de la colonie, après le capitaine-général *Lacrosse*.

Dans ce moment même parut un peloton de troupes de ligne, qui descendait du fort de la Victoire. Ignorant encore, je ne puis trop le répéter, ce qui s'était passé le matin, je crus que c'était un détachement qui venait se réunir à nous.

La sentinelle du chef de bataillon *Titéca-Bellisle*, cria dessus *qui vive?* et ajouta : *on ne passe pas.*

Cette colonne se forme alors en bataille, met en joue, croise la bayonnette, et avance au pas de charge.

Madame Lesage, justement effrayée, avait fermé sa porte, et je me trouvais dans une position d'autant plus difficile, d'autant plus dangereuse, que j'étais placé précisément entre la garde nationale et cette colonne. Heureusement le commandant *Pélage* accourut à cheval, fit tous ses efforts pour la contenir, et l'empêcha de faire feu; mais elle se jeta en désordre sur le citoyen *Souliers*, qu'elle conduisit au fort de la Victoire.

J'y fus entraîné moi-même, peu d'instans après, ayant été arrêté par quelques noirs de la force armée qui parcouraient les rues. Un grand nombre de citoyens y étaient également consignés.

Il était aussi difficile de prévoir les suites de cette insurrection que de calculer les dangers qui nous environnaient.

Cependant nous trouvâmes un moment favorable pour aborder le commandant *Pélage*, nous lui demandâmes quelles étaient ses intentions, et à quoi devaient s'attendre les habitans.

« Voilà, nous dit-il, un mouvement bien ter-
« rible de la force armée, causé par l'imprudence

« du citoyen Souliers; que n'ai-je pu le prévoir!
« Du moins je fais tous mes efforts pour l'appaiser.
« Déjà la ville est préservée des premiers dangers:
« il me reste à prendre des mesures pour ramener
« tout à fait le bon ordre, et je vais m'en occuper.
« Je vais aussi instruire le capitaine général; je ne
« puis croire qu'il ait donné l'ordre de m'arrêter,
« d'après les lettres que j'ai reçues de lui ces jours
« derniers. Si cet ordre venait de lui, sa religion
« aura sans doute été trompée, et il recevra ma
« justification. »

Alors seulement je fus instruit de la véritable cause de l'insurrection.

Le citoyen *Nadau*, grand propriétaire du canton du *Moule*, et tout récemment rentré dans la colonie, était également consigné au fort. Il observa au commandant Pélage, que l'alarme se serait sûrement répandue dans les campagnes, et qu'il convenait aussi de faire quelque chose pour les planteurs.

« Hé bien! lui dit-il, partez de suite vous-même
« pour votre canton; et là, ainsi que sur toute votre
« route, racontez l'événement; dites aux habitans
« de rester chez eux, de continuer leurs travaux,
« de contenir leurs ateliers; dites-leur que je vais
« prendre tous les moyens nécessaires pour les ga-
« rantir d'une secousse; assurez sur-tout les *nou-*
« *veaux rentrés* que je veillerai nuit et jour pour
« écarter d'eux toute espèce de dangers. »

Le commandant Pélage appela Ignace, qui paraissait commander le fort, et lui dit de laisser sortir le citoyen Nadau pour une mission importante; je sortis également, ainsi que la plupart des citoyens qui avaient été consignés sans ses ordres.

Je fus rejoindre mon épouse et la rassurer, en lui faisant connaître les bonnes intentions du commandant Pélage.

Dans l'après-midi, nous reçûmes, mon beau-frère et moi, un billet de convocation pour nous rendre, à cinq heures, à la Municipalité.

On avait également convoqué tous les honnêtes citoyens de la ville, pour nommer des *commissaires provisoires conciliateurs*, qui devaient seconder le commandant Pélage pour le maintien de la tranquillité publique, jusqu'à ce que le capitaine-général eût été instruit, et qu'il eût pris dans sa sagesse les mesures qu'il croirait convenables.

Ces commissaires justifièrent la confiance que leurs concitoyens avaient en eux; ils firent tout ce que les habitans avaient le droit d'attendre de leur dévouement, de leur sagesse et de leur courage, pour préserver la ville de l'anarchie, du pillage et du massacre; et je m'honore d'avoir concouru à leur nomination.

Leur premier soin fut d'adresser au capitaine-général Lacrosse, par une députation, le procès-verbal de l'assemblée dont je viens de parler, de l'instruire des événemens qui avaient eu lieu et des causes qui les avaient produits.

Toutes les protestations de soumission à son autorité, et de fidélité au Gouvernement français, accompagnèrent ce message, et lui furent renouvelées par la députation.

Le capitaine-général Lacrosse désavoua, par une lettre qu'il écrivit le 30 vendémiaire aux commissaires, les ordres en vertu desquels le chef de l'état-major, Souliers, chef de bataillon, s'était permis d'arrêter le chef de brigade Pélage.

« Je vous assure, leur disait-il, que jamais je n'ai » donné d'ordre pour l'arrestation du citoyen Pélage, » ni contre les citoyens désignés dans votre procès-» verbal; mais je saurai celui qui a pu mésuser de » mon autorité.

» Le Gouvernement que je réprésente ne sera ja-» mais impunément avili dans ma personne; il faut » que tout rentre dans l'ordre, puisque c'est par la » plus insigne calomnie que la troupe a pu en sortir.

» Je sais que le Gouvernement consulaire est chéri » de tous les bons citoyens, et le nombre en est » grand au *Port de la Liberté* (la Pointe-à-Pitre).

» J'ai écrit au commandant Pélage de se rendre » auprès de moi, pour concerter les moyens de ra-» mener la tranquillité dans une ville où elle n'aurait » jamais dû être troublée. »

En même-tems que le capitaine-général Lacrosse rassurait les commissaires par les bonnes dispositions qu'il annonçait dans sa lettre, il prenait un arrêté par lequel il mettoit Pélage *hors de la loi*, et tous ceux qui lui obéiraient, c'est-à-dire, tous les habitans de la Pointe-à-Pitre.

Cependant le 2 brumaire on convint d'envoyer une seconde députation au capitaine-général Lacrosse. J'avais été désigné pour en faire partie, mais j'observai qu'ayant été destitué par lui, ma présence pourrait lui déplaire et nuire au succès qu'on attendait de cette démarche. On sentit combien les motifs de mon refus étaient justes, et on n'insista point.

La députation partit et revint avec le capitaine-général Lacrosse qui fut accueilli par les équipages de la frégate la *Cocarde nationale*, et autres bâtimens de commerce, et par tous les habitans, aux cris de *vive la République*, VIVE LE PREMIER CONSUL, *vive Lacrosse*.

Le commandant Pélage tenant sous le bras les citoyens *Frasans* et *Pénicaud*, deux des commissaires provisoires, et suivi de plusieurs autres citoyens notables, fut le recevoir.

« Venez, général, lui dit le commandant Pélage, » comme un père au milieu de ses enfans; venez » apporter aux habitans de cette malheureuse ville, » la paix qui avait été troublée. »

Ce langage si bien approprié à la circonstance, ne fait qu'irriter le contre-amiral Lacrosse, il débarque; il regarde tout le monde avec une fierté repoussante, et dit au commandant Pélage : « Je » suis mécontent de vous, il faut que vous donniez » votre démission, il faut que la force armée mette » bas les armes, et je saurai apprécier cette dé» marche. »

Telles furent les paroles de paix que le capitaine-général Lacrosse apportait aux malheureux habitans de la Pointe-à-Pitre, à peine échappés au massacre et au pillage, et qu'il adressait au commandant Pélage devant des noirs révoltés deux jours avant, et qu'il n'était parvenu à contenir que par l'assurance qu'il leur avait donnée des bonnes dispositions du capitaine-général Lacrosse.

On se rend à la municipalité. Le capitaine-général ne craint pas d'y renouveler les ordres qu'il avait donnés en débarquant; l'indignation des noirs de la force armée éclate encore une fois : *grenadiers enfoncez*, est le premier cri qu'ils font entendre.

Les grenadiers se précipitent, la bayonnette en avant, dans la salle de la municipalité. L'un d'eux me trouvant sur son passage, me pousse rudement au dehors, s'empare de la porte et me présente la bayonnette. J'étais sans armes; la maison de mon beau-frère étant attenante à celle de la municipalité, je me retirai auprès de ma famille pour la protéger et pour la défendre, car je croyais que l'heure du massacre des blancs et des propriétaires était sonnée. J'appris bientôt, en effet, que les grenadiers avaient voulu attenter aux jours du capitaine-général Lacrosse, que le commandant Pélage s'était jeté au milieu d'eux, l'avait couvert de son corps, avait détourné les coups qu'on lui portait, et en avait été blessé lui-même au front.

Enfin, le commandant Pélage sort, harangue les grenadiers, et se rend au fort de la Victoire.

Un moment après paraît Ignace à la tête d'une compagnie : il entre seul à la municipalité, et il en sort avec le capitaine-général Lacrosse, suivi de ses aides-de-camp, des commissaires provisoires, et de plusieurs fonctionnaires publics; ils se rendent au fort, on entend battre au champ; les habitans croyent

que

que tout est concilié, et que l'insurrection est appaisée; mais un nouveau tumulte annonce que le capitaine-général était détenu au fort.

Il partit de la Guadeloupe le 14 brumaire.

Je vais me justifier maintenant du reproche que l'on prétend vouloir me faire d'avoir pris part à l'insurrection du 29 vendémiaire, et ensuite à l'arrestation du capitaine-général Lacrosse.

J'ai déjà prouvé, par les rapprochemens que j'ai eu occasion de faire plus haut, de la conduite du capitaine Lacrosse en 1793, avec la conduite du capitaine-général Lacrosse en l'an 9, qu'il fût la cause première de tous les malheurs de la colonie, et des insurrections dont elle fut le théâtre.

Je vais établir, à présent, que je suis étranger à l'insurrection du 29 vendémiaire, comme à l'arrestation du capitaine-général Lacrosse, et qu'il est impossible que j'aie pris part à ces deux événemens.

On a vu que depuis ma destitution, je vivais isolé à la campagne, au milieu de ma famille, que je ne me mêlais nullement des affaires publiques, et qu'enfin, je ne fus de retour que le 29 vendémiaire à midi, d'un voyage de quinze jours que j'avais fait dans différens cantons de l'île.

Je demande donc au général Lacrosse, et à tous ceux qui, comme lui, me feraient l'outrage de m'accuser, de quel prétexte ils pourraient colorer, même à leurs propres yeux, cette ridicule accusation?

Serait-ce parce qu'on supposerait que cette insurrection aurait été combinée à l'avance, et que j'aurais été d'intelligence avec les insurgés ?

Quelqu'absurde que soit cette supposition, comme je l'établirai dans la suite, je vais la détruire en deux mots, parce que je veux ne laisser aucune ressource à la méchanceté et à la mauvaise foi.

En effet, comment concevra-t-on que, n'ayant plus aucun rapport à la Pointe-à-Pitre, même avec mes meilleurs amis, j'aie pu conspirer seul avec des noirs.

Et comment expliquera-t-on, d'ailleurs, mon voyage de quinze jours avant l'insurrection.

Si elle eut été préparée, et que j'en eusse eu connaissance, me serais-je absenté? Aurais-je amené, quinze jours avant, ma femme, mes enfans, toute ma famille, dans le lieu même où elle devait éclater ? Les aurais-je livrés à la discrétion des révoltés et à la terreur que ces sortes de mouvemens impriment toujours sur l'esprit des femmes et des enfans ? Ne serais-je arrivé à la Pointe-à-Pitre qu'à midi ? Mon premier soin aurait-il été de me rendre auprès du chef de l'état-major pour lui offrir mes services ? Me serais-je conduit comme je l'ai fait dans cette déplorable journée ? Enfin, aurais-je été arrêté et conduit au fort par les insurgés ?

Mais c'est trop insister sur ce point.

Serait-ce, en un mot, parce que je me trouvai le 19 vendémiaire, à midi, à la Pointe-à-Pitre ?

Mais pour qu'un pareil reproche pût paraître raisonnable, il faudrait prouver que je n'ai pas partagé les craintes et les dangers des habitans de la ville; il faudrait prouver que j'ai joué un rôle quelconque avec les insurgés; il faudrait sur-tout pouvoir démentir ce fait accablant pour le général Lacrosse (et pour tous ceux qui voudront trouver des coupables ailleurs que dans les noirs de la force armée), que l'insurrection avait éclaté dès le matin, c'est-à-dire, avant mon arrivée; et d'après les arrestations qui avaient été faites, sur les ordres du capitaine-général Lacrosse ou du chef de l'état-major Souliers, de plusieurs officiers de la garnison, et du commandant Pélage lui-même.

Ce furent ces arrestations, ces actes arbitraires, autant qu'impolitiques, qui jettèrent l'indignation et le désespoir dans l'ame des militaires noirs, qui les entraînèrent à l'oubli de leurs devoirs et à la révolte.

Je suis donc étranger, non-seulement à l'insurrection, mais aux causes qui l'ont produite, puisqu'elles appartiennent uniquement au capitaine-général Lacrosse, ou à son chef d'état-major.

Quant à son arrestation, je ne m'abaisserai pas à m'en justifier, car j'ai établi, par le récit que j'en ai fait, qu'elle fut l'ouvrage d'une partie de la force armée, que je fus contraint, par un acte de violence, de me retirer de la municipalité, et qu'enfin, j'étais auprès de ma famille lorsque l'arrestation eut lieu.

Je passe à ma destitution de l'emploi de chef des mouvemens; je vais prouver que le général Lacrosse n'est pas plus juste quand il punit que quand il accuse.

DEUXIÈME PARTIE.

Je suis né en 1765, j'entrai dans la marine en 1776.

Je fis mes premières campagnes dans les îles du Vent. En 1781, je fus placé, comme second, sur le bateau du roi la *Vigie.*

J'en fus nommé capitaine, le 16 avril de la même année.

Dans le mois d'octobre suivant, je passai au port de la Pointe-à-Pitre, en qualité d'aide de port.

En 1783, j'en fus nommé capitaine par *intérim*, au départ de M. *Lesage*, mon beau-frère, pour la France où il mourut.

Il fut remplacé en 1785, par M. *Fouillolle.* Je repris mes fonctions de lieutenant de port jusqu'en 1787, époque à laquelle j'obtins du gouverneur la permission de naviguer pour mon compte.

Le capitaine de port, qui avait succédé dans cette place à M. Fouillolle, abandonna son poste en 1792.

Le 27 décembre de la même année, la municipalité de la Pointe-à-Pitre me fit la réquisition expresse de le remplacer par *intérim.*

Le 3 janvier 1793, sur la demande de tous les capitaines du commerce, la même municipalité me pourvut provisoirement du titre de capitaine de port.

Il n'est pas inutile d'observer que le capitaine Lacrosse, devenu comme je l'ai dit plus haut, gouverneur provisoire de la Guadeloupe, confirma cette nomination, le 27 du même mois, dans les termes les plus honorables pour moi.

Au mois d'avril de l'année suivante, la colonie fut prise par les Anglais; je fus fait prisonnier de guerre et jeté dans les prisons; en prairial an 2, parut une flotille française dirigée par le capitaine de vaisseau *Lesseigues*, depuis contre-amiral. Le fort *Fleur-d'Epée* fut enlevé d'assaut, et cette victoire entraîna la reprise de la Pointe-à-Pitre sur les Anglais : les agens du Gouvernement me remirent, de la part du ministre de la marine, le brevet de capitaine de port qu'il m'avait expédié, le 4 pluviose an 2.

Le 5 germinal an 5, le contre-amiral Leissegues, commandant la station des îles du Vent, m'ordonna de me charger seul des mouvemens du port, d'y joindre le détail du bureau major, et de correspondre directement avec lui.

Le premier germinal an 7, je fus nommé capitaine de frégate par le général *Desfourneaux*, agent du directoire exécutif.

Enfin les agens des consuls ayant considéré le port de la Pointe-à-Pitre comme port secondaire, me délivrèrent le brevet de chef des mouvemens de seconde classe, et me nommèrent commandant des armes (*).

(*) Voyez les Pièces justificatives, à la suite de ce Mémoire, Nos. 1, 2, 3, 4, 6, 7, 8, 12, 13, 16, 21, 22, 23, 24 et 25.

J'ai cru devoir rapporter les titres en vertu desquels j'avais été appelé aux fonctions de capitaine de port, non-seulement pour faire ressortir d'autant plus l'injustice de ma destitution, mais encore pour prouver que le capitaine général Lacrosse était en contradiction avec lui-même quand il la prononça.

J'entre en matière : le général Lacrosse convoitait depuis long-temps, pour un de ses protégés, l'emploi auquel j'avais été si solennellement nommé, et dans lequel j'ai plus d'une fois mérité les éloges de mes supérieurs.

Le général Lacrosse me force de le dire.

Mais comment, et sur quel motif, destituer un officier qui sert depuis si long-temps son pays, qui a toujours joui de l'estime de ses chefs, et qui a constamment rempli ses devoirs?

Rien n'est difficile au général Lacrosse; rien ne lui coûte.

Il n'a point de motifs; mais comme il est fertile en ressources, il trouvera un prétexte, n'importe lequel; et il pourra ainsi calomnier, tout à son aise, sa victime, la dépouiller, et revêtir son protégé de ses dépouilles.

Telle fut, comme on va le voir, l'odieuse combinaison du capitaine général Lacrosse.

Il imagine donc un prétexte; c'était le 13 messidor : il paraît chez moi accompagné de ses aides-de-camp; il vient, dit-il, renouveler connaissance avec la famille de mon épouse qu'il avait vue en 1792 à la Martinique; il nous témoigne à tous le plus vif intérêt dans les termes les plus obligeans.

« Il est enchanté de trouver l'occasion de me dire » que je suis un des fonctionnaires publics qu'il es» time le plus, que j'ai su conserver, dans les oscil« lations d'une révolution extraordinaire, cet esprit » de modération qui caractérise le Gouvernement » français : *Vous pouvez*, ajoute-t-il, *compter sur » sa protection, et sur l'amitié particulière de son » capitaine général.* »

J'étais loin de penser que la visite du capitaine général Lacrosse et toutes ses protestations de bienveillance, ne fussent qu'une perfidie de sa part, pour hâter ma destitution.

Ainsi, le jour qu'il mettait Pélage et tous les habitans de la Pointe-à-Pitre hors la loi, il écrivait aux commissaires conciliateurs qu'il n'avait jamais donné l'ordre de l'arrêter. De même aussi, lorsqu'il a déterminé le plan et le jour de ma destitution, il vient au milieu de ma famille, entouré de ses aides-de-camp, me donner les assurances les plus solennelles de son amitié et de sa protection.

Cette visite terminée, je le reconduisis à la ville dans mon canot. Durant le trajet, il me demanda quels moyens j'emploierais pour mettre dehors, de nuit, la frégate *la Cornélie* (*). Je lui soumis les dispositions que je croyais devoir prendre : il les approuva.

Cette entreprise n'était pas sans difficulté : il fal-

(*) Le contre-amiral Lacrosse était arrivé à la Guadeloupe sur la frégate *la Cornélie*; il s'occupoit alors de la renvoyer en France.

lait éviter d'être aperçu des frégates anglaises qui bloquaient la passe.

Dès le lendemain, à la pointe du jour, profitant du moment où les quatre frégates ennemies étaient sous Marie-Galante, je fus moi-même faire allonger les aussières établies sur les tonnes qui marquent les écueils de la passe.

A mon retour, je sollicitai du capitaine *Henri*, commandant la frégate *la Cocarde*, sa chaloupe, seule embarcation capable de soulager l'ancre de *la Cornélie* qui avait laissé la sienne à l'Orient. Mais il me fit dire qu'elle était à la disposition du capitaine Villemadrin qui l'occupait à embarquer ses approvisionnemens. Celui-ci la refusa également, attendu qu'il avait ordre d'être prêt pour le 15 au soir, et déclara qu'il me rendrait responsable du retard, si je le privais de cette embarcation. Il fallut renoncer à ce moyen, et par conséquent à donner un saut à l'ancre, comme je l'avais annoncé au capitaine général Lacrosse, attendu que la tenue est très-forte dans ce port.

Cependant il était impossible de faire cette opération avec la frégate, sans être aperçu par l'ennemi qui avait été toute la journée du 14 et du 15, à vue de la passe. Je me décidai donc à faire préparer une forte marguerite en trois, et je fis frapper un grelin sur l'orin pour les virer en même temps, au grand et au petit cabestan.

Le 15, à dix heures, je descendis à terre. Arrivé au bureau du port, il me fut remis par un aide-de-camp du capitaine général, un ordre de faire armer et installer deux canonnières pour le soir cinq heures, et de tout disposer pour la sortie de la *Cornélie* (*).

La première de ces canonnières était sans équipage, et la plate-forme de l'autre était dans les magasins. J'eus encore recours au capitaine Henri: grâce à ses soins, elles furent prêtes; et je fus prendre les derniers ordres du capitaine-général, qui furent que « si je présumais ne pouvoir sortir tout d'un » trait la frégate des passes, il ne fallait faire aucun » mouvement; que, dans le cas où je serais contrarié » dans l'exécution (ce qui me forcerait de mouiller), » il fallait venir reprendre la même position, afin de » donner le change aux Anglais; et qu'enfin, si, à » 8 heures, la frégate n'était pas appareillée, il fal- » lait remettre sa sortie à une autre nuit, attendu que » le calme pouvant la surprendre au jour, elle se- » rait aperçue, attaquée par les quatre frégates an- » glaises, et probablement prise. »

Enfin, à cinq heures et demie, je me rendis à bord; tout y était dans le plus grand désordre, malgré le zèle et l'activité des officiers.

C'était le moment où un grand nombre de passagers s'embarquaient, et où l'on était occupé d'une mutation de troupes, qu'on faisait remplacer par des militaires noirs. Le gaillard d'arrière était encombré de malles et d'effets des passagers. On commençait seulement à enverguer les voiles.

Je fis à l'instant déblayer le gaillard pour faire vi-

(*) Voyez Pièces justificatives, N°. 29.

rer; mais je ne pus réunir plus de trente hommes pour le grand cabestan, et plus de six pour le petit; et malgré tous les efforts, il fut impossible d'embraquer plus de la moitié du cable.

Les capitaines américains m'avaient bien envoyé leurs canots, sur la demande que je leur en avais faite de mon propre mouvement, pour pouvoir remorquer la frégate en cas de calme. Mais c'était l'anniversaire de leur indépendance; les équipages l'avaient célébrée à un tel point, qu'ils étaient tous dans un état d'yvresse.

Le capitaine-général Lacrosse envoya à bord de la frégate l'un de ses aides-de-camp, officier de marine, qui fut témoin du désordre qui y régnait, et de l'impossibilité qu'il y avait à la mettre dehors. Je l'invitai, et il se chargea d'en instruire le capitaine-général.

Convaincu, à neuf heures, que la frégate ne pouvait être appareillée, je laissai à bord le lieutenant de port, pour faire achever d'enverguer les voiles, opération qui ne me regardait cependant pas. Je me rendis auprès du capitaine-général, pour lui rendre compte des motifs qui m'avaient empêché de sortir la frégate; sa porte me fut interdite.

Je retournai à bord, je fis réafourcher la frégate et masquer les voiles avec des prélats noircis, pour que les Anglais ne s'aperçussent pas qu'elles étaient enverguées. Ces différentes opérations ne furent finies qu'après minuit.

Le lendemain matin, je fus encore à bord de *la Cornélie*, pour faire faire de nouvelles dispositions pour la sortir le soir; et, à dix heures, une goëlette qui avait été expédiée à la Basse-Terre par le capitaine général Lacrosse, *pour tâcher d'y découvrir des matelots,* afin de completter l'équipage de *la Cornélie,* entra dans le port, et y déposa vingt-sept hommes. Je me rendis ensuite auprès du capitaine-général, pour lui rendre compte des mouvemens du port, et des obstacles qui avaient empêché la sortie de la frégate; mais ce fut pour apprendre par sa bouche qu'il avait déjà ordonné ma destitution par un arrêté.

Je voulus en vain me justifier; je lui demandai même de former une commission de marine pour me juger; mon arrêt était prononcé : tout fut inutile (*).

Je me retirai, et je reçus en effet, peu d'instans après, par le citoyen *Massoteau*, l'un de ses aides-de-camp, l'arrêté qu'il m'avait annoncé.

Je le transcris littéralement.

ÉGALITÉ. LIBERTÉ.

LACROSSE, contre-amiral, capitaine-général de la Guadeloupe et dépendances;

Arrête :

Art. I. « Le citoyen Monroux, chef des mouve- » mens du Port de la Liberté, est destitué.

Art. II. « Il cessera sur-le-champ ses fonctions.

Art. III. » Il remettra le service au citoyen *Hary*,

(*) Je sus dans la suite que le général *Bethencourt*, commandant en chef de la force armée, frappé de cette injustice, fit les plus fortes représentations au général Lacrosse, et lui demanda que je fusse jugé par une commission de marine, ce qui lui fut refusé.

» sous-chef des mouvemens, nommé provisoirement » pour le remplacer. »

« Au Palais de la Capitainerie-
» générale, le 16 Messidor an 9
» de la République.

Signé, LACROSSE.

Ainsi, d'un trait de plume, le capitaine-général Lacrosse me juge, me condamne et me punit!

On devine aisément pourquoi il affecte de garder le silence sur les prétendus motifs de ma destitution. Cette réticence est nécessaire; elle est liée au projet qu'il a formé, avant même son départ de France pour la Guadeloupe, de me ravir ma place, comme je vais bientôt le prouver; et l'on sent en effet que, s'il eût rapporté dans son arrêté ses prétendus motifs, il se mettait à découvert, et prouvait à tous les marins et à toute la colonie l'injustice de son arrêté.

Que fait donc le capitaine-général Lacrosse? Bien sûr de n'être démenti par personne, il écrit le 16 au Ministre de la marine, et lui annonce ma destitution, avec les motifs qui la lui ont fait ordonner.

C'est avec cette lettre que je vais affaisser le général Lacrosse sous le poids des nouvelles preuves de mon innocence.

« Je ne croyais pas, dit-il au ministre, dater ma » lettre du 16, et en charger *la Cornélie*. Depuis » quatre jours tous les ordres étaient donnés au » capitaine du port et au capitaine Villemadrin (*),

(*) Le citoyen *Lhospitalier de la Villemadrin*, capitaine de vaisseau, commandait alors la frégate *la Cornélie*.

» pour appareiller le 15 au soir. Il semblait que » tout devait en favoriser l'exécution; la lune qui » ne se levait qu'à une heure; un temps sombre, » un calme dans la rade, qui permettait de sortir de » la passe; les quatre frégates qui observent jour- » nellement étaient assez éloignées pour garantir le » succès du passage de *la Cornélie* qui aurait filé le » long de terre jusqu'à la pointe du vieux fort, sans » être aperçue; une brise de terre de nord-est en de- » hors des passes, à filer cinq nœuds; tout était pré- » vu; les ordres étaient donnés à toutes les batteries; « ceux réitérés du capitaine Villemadrin n'ont pas » été exécutés; et cette frégate a manqué son appa- » reillage *par la faute du capitaine* de port *Mon-* » *roux, qui,* LA VEILLE, N'AVAIT PAS FAIT SOULAGER » L'ANCRE *comme il en avait reçu l'ordre. Cette né-* » *gligence que j'attribue* A L'INEPTIE OU A LA » MAUVAISE VOLONTÉ *de cet officier, compromet-* » *tant aujourd'hui le sort de la frégate, m'a paru* » *un motif assez grave pour le destituer.* »

Avant de relever les contradictions dont cette lettre fourmille, je m'arrête à ces mots qui contiennent toute mon accusation : elle se borne à ce *que la veille du jour où la frégate devait sortir; c'est-à-dire le 14, je n'avais pas fait soulager l'ancre comme j'en avais reçu l'ordre.*

Or cet ordre ne m'a jamais été donné. J'en atteste le général Lacrosse lui-même.

Mais raisonnons un moment dans la supposition contraire.

On n'a pas perdu de vue que le 15, à cinq

heures et demie du soir, lorsque je voulus faire virer l'ancre, je ne pus réunir plus de trente hommes pour le grand cabestan, et plus de six pour le petit; et que, malgré tous leurs efforts, il fut impossible d'embraquer plus de la moitié du cable.

Et certes, le général Lacrosse n'ajoutera pas à toutes ses injustices celle de m'accuser de n'avoir pas employé plus de matelots, puisqu'il convient lui-même, par sa lettre, que l'équipage de la frégate était loin d'être au complet, et que, d'ailleurs, dans le moment où il fallait virer l'ancre, on était occupé à enverguer les voiles, opération qui m'était absolument étrangère, et qui ne pouvait concerner que le capitaine Villemadrin.

Ainsi, s'il a été impossible d'aller en virant jusqu'à pic de l'ancre; qu'elle eût été soulagée ou non la veille, la sortie de la frégate n'était pas moins impossible.

Cette observation seule suffirait pour anéantir tout-à-la-fois, et le prétexte du général Lacrosse, et son arrêté, et l'accusation sur laquelle il repose.

Mais je veux le pousser jusques dans les derniers retranchemens.

Il attribue, dit-il, ma faute *à mon ineptie ou à ma mauvaise volonté*.

Mon ineptie! et ce mot est sorti de la plume du général Lacrosse!

Ainsi, comme l'expérience, cette école où les hommes sages prennent dans les leçons du passé des leçons pour l'avenir, n'a servi qu'à rendre le général Lacrosse plus fougueux, plus injuste, et à le mettre sans cesse hors de toute mesure dans tous les actes de son administration à la Guadeloupe, il veut que l'expérience que j'ai acquise par vingt-trois ans de service, m'ait rendu un *homme inepte, incapable même de faire soulager un ancre*!

Mais, je vous le demande, général Lacrosse, et vous m'y forcez en m'accusant.

Etais-je un homme *inepte*, lorsque dès 1781, je fus nommé capitaine du bateau du roi la *Vigie*, et dans la même année, aide de port de la Pointe-à-Pitre? Lorsqu'en 1783, je fus nommé capitaine par intérim du même port? Lorsqu'en 1784, le général La Saulais, gouverneur de la Guadeloupe, sollicitait, pour moi, du ministre de la marine, un brevet d'officier de ce même port, pour en avoir fait le service pendant la guerre avec capacité et intelligence? (*) Lorsqu'en 1793, la municipalité de la Pointe-à-Pitre m'en expédia la commission, sur la demande de tous les capitaines de la rade, au nombre de vingt-six, et des deux commissaires du commerce? Etais-je un homme *inepte*, lorsque vous-même m'en délivrâtes le brevet, et cela par *l'entière confiance que vous aviez dans ma valeur, ma bonne conduite, mon zèle et ma fidélité à la patrie?* (**) Lorsque vous me chargiez, par votre lettre du 24 avril de la même année, comme com-

(*) Voyez Pièces justificatives, N°. 5.
(**) Voyez N°. 8.

mandant la station aux îles du Vent, d'établir des corps morts dans le port? (*) Lorsqu'en l'an 2, le ministre de la marine m'expédiait un nouveau brevet de capitaine de ce même port? (**)

Etais-je un homme *inepte*, lorsque le général Collot, qui vous remplaça, me donna les marques de la plus honorable confiance, dans les circonstances difficiles où vous le laissâtes? (***)

Etais-je un homme *inepte*, lorsque pendant les cinq mois que dura le siége que les anglais faisaient à la Guadeloupe, je fus constamment employé par les agens et les généraux français, soit par mer, soit par terre, à toutes les attaques, et aux missions les plus importantes? Lorsque, choisi pour diriger et conduire de nuit la flotille qui devait débarquer des troupes françaises à la Goyave, sous les ordres du général *Pélardy*, commandant en chef de l'armée, je passai sous la volée des vaisseaux anglais, et que je parvins à faire le débarquement à minuit, à la suite duquel le général Pélardy s'empara du petit bourg et des magasins des anglais qui devinrent assiégés d'assiégeans qu'ils étaient, et qui furent ensuite chassés de la colonie? (****) Enfin, étais-je un homme *inepte*, lorsque tous les généraux qui ont eu successivement le commandement de la Guadeloupe,

(*) Voyez Pièces justificatives, N°. 9.

(**) Voyez N°s. 12 et 13.

(***) Voyez N°s. 10 et 11.

(****) Voyez N°. 14.

tous

tous les délégués du gouvernement me délivraient les certificats les plus honorables sur ma conduite, sur mon zèle et mon activité? (*)

En attendant la réponse du général Lacrosse à toutes ces questions, je reviens à sa lettre.

J'ai dit précédemment qu'il avait formé le projet, avant même son départ de France pour la Guadeloupe, de me ravir ma place, il va justifier lui-même ce que j'ai dit.

Après avoir rendu compte, dans sa lettre au ministre, de ma destitution, de ses motifs et de mon remplacement, il ajoute : « *J'ai déjà eu l'honneur* » *de vous proposer le citoyen* Pottier, *lieutenant* » *de vaisseau, comme très-propre à occuper cette* » *place.* C'est dans cette circonstance que je vous » en réitère plus particulièrement la demande. J'at- » tendrai, etc. . . . . .

Le général Lacrosse sollicitait donc, étant en France, ma place pour son protégé. Le motif de ma destitution, tout outrageant qu'il soit pour moi, ne fut donc qu'un prétexte. Cela est évident, et n'a besoin d'aucune démonstration, sur-tout d'après tout ce qui vient d'être dit; mais passons et revenons à la lettre.

Jusques à présent, suivant le général Lacrosse, *c'est par ma faute, c'est pour n'avoir pas fait soulager l'ancre de la frégate*, qu'elle n'est pas sortie le 15 au soir; on va voir à l'instant, toujours sui-

(*) Voyez Pièces justificatives, Nos. 14, 15, 17, 18, 19, 20, 26, 27 et 28.

vant le général Lacrosse, que *c'est par la faute du capitaine Villemadrin.*

« Quant au capitaine Villemadrin, dit-il, je laisse » désormais reposer sur lui toute la responsabilité, tous » les dangers qui pourraient compromettre sa frégate : » son équipage n'était pas au complet, mais il avait 25 » hommes de troupes faisant garnison, 12 excellens ma- « telots, que la cocarde lui avait fourni, 25 blancs, ma- » rins du pays, qu'il avait reçu à deux heures après- » midi; enfin, une goëlette que j'avais expédiée à la » Basse-Terre avec un officier, afin *de tâcher de dé-* » *couvrir des matelots* pour cette même frégate, était » de retour, mouillée en-dehors des passes, en atten- » dant le moment de sa sortie, pour y déposer 27 » hommes. »

« Le capitaine Villemadrin, ajoute-t-il, avait à » ses ordres l'équipage entier de la Cocarde Natio- » nale ; toutes les embarcations des bâtimens amé- » ricains étaient prêtes à touer la frégate, et il n'a- » vait point alors d'ennemis à craindre, en raison » de leur position de la journée. Ce départ si pré- » cipité devait nécessairement être ignoré des en- » nemis, par l'effet d'un embargo que j'avais eu » la précaution de faire mettre la veille sur les bâ- » teaux pêcheurs; mais vingt-quatre heures de re- » tard sont bien capables de déranger l'ordre de » mes combinaisons. L'aveu en est pénible, MAIS » JE NE PUIS M'EMPÊCHER D'EN ATTRIBUER LA PLUS » GRANDE FAUTE AU CAPITAINE VILLEMADRIN. »

» J'ai défendu que personne descendît aujour- » d'hui à terre. Tous les secours seront fournis au-

» jourd'hui à la frégate comme à l'ordinaire; mais » si en sortant un malheur lui arrivait, c'est à » l'inexécution de mes ordres, c'est à une indécision » de manœuvre que l'on doit s'en prendre, *le ca- » pitaine Villemadrin ne pouvant lever hier son » ancre, devait couper son cable : je lui avais en- » voyé hier le citoyen Drouault, un de mes aides- » de-camp, pour lui en intimer l'ordre, il ne l'a » pas fait ;* cependant l'ancre que nous avions perdue » en arrivant lui avait été remplacée. »

Il est bien constant, d'après le général Lacrosse, que ce n'est point parce que l'ancre n'avait pas été soulagée le 14, que la frégate n'est pas sortie le 15; mais bien *parce que le capitaine Villemadrin n'avait pas coupé son cable, comme il en avait reçu l'ordre.*

Or, de deux choses l'une, ou le capitaine-général Lacrosse a donné cet ordre, ou il ne l'a pas donné.

S'il l'a donné, le capitaine Villemadrin est seul responsable de ce que la frégate n'est pas sortie le 15; car il ne m'a pas fait connaître cet ordre, quoique j'aie resté à son bord jusques à neuf heures du soir. Comment le général Lacrosse a-t-il donc osé me destituer? Comment a-t-il osé m'accuser auprès du ministre de la marine ? S'il ne l'a pas donné, cet ordre, il a fait dans sa lettre un mensonge d'autant plus criminel, qu'il attaquait la réputation du capitaine Villemadrin, officier distingué, auquel il pouvait faire perdre la confiance du gouvernement. Je soumets ce dilemme au général Lacrosse, en attendant qu'il puisse concilier le commencement de sa lettre avec la fin, c'est-à-dire, qu'il soit d'accord avec lui-même, et qu'il explique comment il se peut faire qu'il m'ait puni *d'une faute commise par le capitaine Villemadrin.*

Je crois avoir suffisamment démontré l'injustice de l'arrêté du général Lacrosse, et ne pas devoir conséquemment pousser plus loin cette discussion.

Mais il est un autre point non moins important, et qui est tout personnel au général Lacrosse, c'est qu'en supposant que je fusse coupable *de négligence et d'ineptie*, comme il l'a voulu au commencement de sa lettre, il n'avait pas le droit de me destituer. C'est, la loi à la main, que je l'accuse à mon tour.

En France, les peines ne peuvent être infligées que par un jugement. Nul n'a le droit de punir que par les lois. Ces principes sont incontestables.

Or la destitution est une peine; elle est même infamante pour un officier : le général Lacrosse n'avait donc pas le droit de me l'infliger; il s'est donc rendu coupable d'un excès de pouvoir.

Destituer un officier sans un jugement! Eh! dans quel code monstrueux le général Lacrosse a-t-il lu que sa volonté dût être au-dessus de la loi? Ne savait-il pas qu'on ne peut même destituer un sous-officier, sans le juger, et qu'il attentait à l'autorité du Gouvernement, en prenant l'arrêté que je dénonce à la France entière?

C'était donc devant une commission de marine que le général Lacrosse devait me traduire, s'il me croyait coupable.

Mais il savait très-bien que l'*ineptie* n'est pas un

délit, quoiqu'il m'en ait puni. Il savait très-bien que je n'étais pas coupable *de mauvaise volonté*. Il savait très-bien que ce n'était pas parce que l'*ancre n'avait pas été soulagée le* 14, que la frégate n'avait pu sortir le 15, mais parce qu'elle n'était pas parée, et que son équipage n'était pas au complet, puisqu'il avait envoyé à la Basse-Terre *pour tâcher de découvrir des matelots*, et que ceux qui étaient à bord avaient véritablement manifesté de la mauvaise volonté (*). Il savait très-bien que c'était moi qui avais demandé, de mon propre mouvement, les embarcations des Américains, quoiqu'il ait voulu, dans sa lettre au Ministre, s'en faire lui-même un mérite. Il savait très-bien qu'il était indifférent que la frégate sortît le 15 ou le 16, puisque, suivant le dernier ordre qu'il me donna lui-même le 15, il fallait remettre la sortie de la frégate à une autre nuit, si j'éprouvais des obstacles. Il savait très-bien, en un mot, que sa plainte eût échoué contre l'impartialité d'une commission de marine.

Il est donc vrai que le général Lacrosse n'est arrivé à ma destitution, qu'en se jouant des lois, de la justice, de la vérité et de mon honneur.

Je vais à présent rendre compte de ce qui s'est passé à la Guadeloupe après le départ du général Lacrosse, jusques au moment où j'eus l'ordre de venir

---

(*) Il est important de remarquer que les 25 blancs marins du pays, que le général Lacrosse avait fait *presser* à la Pointe-à-Pitre, étaient consignés et gardés à vue dans l'entrepont, et par conséquent nuls pour la manœuvre.

en France, et des motifs qui me forcèrent de reprendre mes fonctions de Chef des mouvemens.

TROISIEME PARTIE.

Après le départ du général Lacrosse, et en attendant que le Gouvernement l'eût remplacé par un nouveau délégué, les habitans se trouvèrent réduits à l'alternative de se soustraire au joug que les noirs et les hommes révoltés voulaient leur imposer, en prenant eux-mêmes, par une sage politique, et pour leur propre conservation, l'administration des affaires; ou de se livrer entièrement à la discrétion de cette troupe insurgée que rien désormais n'eût pû contenir.

Il n'y avait pas à balancer sur le choix du parti à prendre.

Les habitans s'assemblèrent donc chacun dans leurs cantons, et arrêtèrent de former un Conseil composé de quatre membres, pour, de concert avec le commandant Pélage, administrer provisoirement la colonie. *Vive la République*, *vive le* PREMIER CONSUL, fut le cri unanime.

Ainsi les destinées de la colonie furent confiées à ce Conseil.

La conserver intacte au Gouvernement français, faire respecter les loix de la République, ramener les hommes égarés, les contenir, protéger les personnes et les propriétés, tel fut le vœu des habitans; telle fut l'obligation aussi honorable qu'importante que le Conseil provisoire contracta, en acceptant sa nomination.

Si la troupe insurgée, composée, comme je l'ai dit, de noirs et de quelques hommes de couleur, rentra dans le devoir, si la tranquilité publique fut rétablie, si la culture ne fut plus interrompue, si, en un mot, la colonie n'éprouva plus de secousses, c'est à l'administration sage, ferme et vigoureuse du Conseil provisoire; c'est à la surveillance active, au zèle éclairé et au courage imperturbable du commandant Pélage, que les malheureux habitans de la Guadeloupe sont redevables de cet heureux résultat.

Mais de combien de ménagemens, de combien de modération ne fallut-il pas user avec ces hommes audacieux, excités d'ailleurs sans cesse à l'insubordination et à la révolte par quelques officiers plus audacieux encore.

On conçoit facilement que le plus léger événement pouvait troubler cet état de choses; la moindre étincelle pouvait faire éclater un grand incendie.

Il fallut donc éviter soigneusement que tout ce qui appartenait au parti des révoltés, eût la moindre influence dans les affaires.

Sur ces entrefaites, parvint à la Guadeloupe le premier bruit de la signature des préliminaires de paix entre la France et l'Angleterre. Le citoyen *Flary* que le capitaine général Lacrosse avait nommé pour me remplacer *provisoirement* dans mes fonctions de chef des mouvemens, prévint le Conseil que si cette nouvelle se confirmait, il avait le projet de passer en Europe avec le commandement d'un bâtiment de commerce.

Le citoyen *Lagau*, sous-chef, avait été choisi pour apporter au Gouvernement, sur la goëlette les *deux Amis*, le détail des événemens qui venaient d'avoir lieu, et pour informer le PREMIE CONSUL, du parti que les habitans avaient été forcés de prendre. La place de chef des mouvemens devenait donc vacante.

Déjà plusieurs marins noirs la sollicitaient.

Un chef des mouvemens à la Pointe-à-Pitre, est la sentinelle avancée de la colonie ; c'est lui qui introduit tous les étrangers qui y arrivent, et qui est chargé de tous les détails du port, et conséquemment de la sûreté des bâtimens et de la ville.

Le Conseil provisoire pouvait-il, dans une circonstance si difficile, confier cette place importante à un noir, sans s'exposer à compromettre la sûreté publique, et peut être le sort de la Guadeloupe?

Il ne vit qu'un moyen d'écarter les marins noirs, ce fut de m'inviter à plusieurs reprises de reprendre mes fonctions.

Quoique placé par ces invitations entre l'injustice de ma destitution et la sûreté des habitans, je crus ne devoir pas accepter.

Enfin, le Conseil provisoire convaincu que mes refus n'étaient fondés que sur l'arrêté du général Lacrosse, voulut me faire juger par une commission de marine; mais comme il n'y avait dans la colonie aucun officier de cette arme, supérieur à mon grade, il fut impossible de la former, et le conseil se borna, alors, à se faire faire, par le capitaine de frégate *Antoine Henry*, l'enseigne de vaisseau *Lagau*, et le pilote côtier *Laurent Lacroix*, trois rapports sur les motifs qui avaient empêché que la frégate la Cornélie ne sortît de la Pointe-à-Pitre, le 15 messidor an 9 (*).

Le Conseil provisoire acquit, par ces rapports, la preuve que la sortie de cette frégate avait été impossible, comme je l'ai établi dans la seconde partie de ce mémoire, et qu'on ne pouvait m'en imputer la faute. L'injustice de l'arrêté du capitaine général Lacrosse, lui fut donc évidemment démontrée; et le premier frimaire an dix, il prit un arrêté par lequel il me réintégra dans mes fonctions (**).

Il est ainsi conçu :

« Le citoyen Monroux, capitaine de frégate, est » réintégré dans ses fonctions de chef des mouve- » mens au Port de la Liberté, *qu'il lui est enjoint* » *de reprendre* »

Me fera-t-on un reproche d'avoir satisfait à cette injonction ? et serai-je encore réduit à la pénible nécessité de me justifier? S'il en est ainsi, il ne me sera pas difficile d'établir que je n'ai cédé qu'à l'empire des circonstances, en reprenant momentanément mes fonctions, et que le salut des habitans et l'intérêt du Gouvernement me faisaient un devoir de les reprendre.

Je vais démontrer l'exactitude de ces deux propositions.

(*) Voyez Pièces justificatives, No. 30.

(**) Voyez Nos. 31 et 32.

En effet, sur quoi pourrait-on fonder ce nouveau reproche ?

Serait-ce sur ma destitution par le général Lacrosse ? mais j'en ai prouvé irrésistiblement l'injustice. J'ai fait plus, j'ai prouvé qu'il s'était rendu coupable d'un excès de pouvoir en me destituant. Ma destitution était donc arbitraire et tyrannique.

Mais écartons cette considération, toute puissante qu'elle est, parce que c'est par des motifs bien autrement importans que j'ai cédé à l'injonction du Conseil provisoire.

On trouvera ces motifs dans la lettre que je vais transcrire, et qui me fut écrite, le 27 brumaire, par le citoyen *Frasans*, l'un des membres du Conseil provisoire, d'après les refus que j'avais fait de reprendre mes fonctions, sur les différentes invitations qui m'en avaient été faites par le conseil.

« Le refus que vous nous avez fait ce matin, est-il » dit dans cette lettre, de reprendre vos anciennes » fonctions, nous laisse dans toute l'inquiétude dont » nous voulions sortir en vous les offrant. Nous » avons parfaitement senti les raisons que vous » nous avez exposées à l'appui de ce refus. Nous » concevons que le souvenir du traitement injuste » que vous a fait subir le général Lacrosse, doit » vous tenir éloigné des emplois publics; nous » concevons que l'homme de bien, lorqu'il a été » une fois arraché à la douce jouissance d'être utile » à son pays, ne doit plus chercher d'autre bon» heur que celui de se confiner dans le sein de sa » famille; mais dans les circonstances cruelles où

» nous nous trouvons, vous est-il permis de vivre » indifférent à ce qui se passe? Vous est-il permis » de ne pas sacrifier toutes considérations quel- » conques à la nécessité de vous garantir des dan- » gers qui vous menacent aussi bien que les autres » habitans de la colonie?

« Je me suis chargé, citoyen, de vous faire » quelques observations à cet égard. Je suis peut- » être celui des membres du Conseil qui devrait le » moins espérer de vous convaincre et de vous » faire changer de résolution : l'éloignement que » vous montrez depuis un an pour la maison Saint- » Martin, sans que je puisse en deviner les motifs, » devrait m'imposer silence; mais j'ai trop bonne » opinion de vous, pour ne pas croire que ma dé- » marche vous paraîtra plus digne de fixer votre » attention, par cela même qu'elle a quelque chose » d'extraordinaire.

« Lorsque le Conseil vous engage à reprendre » vos fonctions, ce n'est pas qu'il ait l'intention de » s'établir juge de la conduite du capitaine général » Lacrosse à votre égard. Il ne cède qu'au desir » d'assurer de plus en plus la sûreté publique en » plaçant à un poste des plus importans, un homme » dont la longue expérience et l'activité connues, » contribueraient beaucoup à tranquilliser tous les » habitans du Port de la Liberté.

« Vous savez que le citoyen Flary annonce le « projet de passer en Europe, si les bruits de paix » se confirment; vous savez que le citoyen Lagau » est destiné au commandement de la Goëlete, les

» deux Amis que nous préparons pour une mission ;
» vous n'ignorez pas quels sont les hommes qui,
» dans ce moment, portent leurs vues sur votre
» ancienne place; vous connaissez l'espèce de *cré-*
» *dit* dont ils soutiennent leurs prétentions. Quels
» moyens avons-nous d'écarter ces hommes dange-
» reux? Nous n'en voyons qu'un seul qui puisse
» s'employer avec succès; c'est de vous rendre cette
» place, sous prétexte de réparer l'injustice que
» vous avez essuyée de la part du général Lacrosse.
» Aucun des *prétendans* n'ayant les mêmes droits
» que vous, ils se retireront d'eux-mêmes.

« Quels seront pour la chose publique les avan-
» tages de cette mesure? Est-il ici un homme hon-
» nête, un père de famille, une femme craintive
» qui ne sentent ces avantages dès l'instant où l'on
» vous verra reparaître dans le port! S'il survenait
» une nouvelle crise, aussi terrible que celle du 29
» vendémiaire et du 2 brumaire; si les factieux ve-
» naient à l'emporter sur nous; si les blancs, les
» propriétaires n'avaient plus d'autre ressource que
» la fuite pour échapper au massacre; n'est-ce pas
» vous qui protégeriez l'embarquement des femmes
» et des enfans? Si votre place, au contraire, était
» occupée par un des factieux, quel espoir de salut
» resterait-il à tant d'infortunés? Comment vous-
» même vous sauveriez-vous avec tous ces êtres si
» chers qui vous entourent dans votre retraite?

« Enfin nous devons préparer aux nouveaux
» chefs et aux troupes qui pourront être envoyés de
» France, un débarquement paisible qui n'expose

» la colonie à aucune secousse; sur qui pouvons-
» nous mieux compter que sur vous pour une occa-
» sion si importante?

« Telle est, citoyen, la matière que je livre à vos
» réflexions, et je ne doute pas que les mêmes mo-
» tifs qui m'ont fait accepter des fonctions dont
» l'exercice me force d'abandonner toutes mes af-
» faires, tous mes intérêts personnels, ne vous
» déterminent à accepter également l'offre qui vous
» a été faite au nom du bien public. Songez que
» vous êtes militaire, et que ce titre vous impose
» l'obligation de veiller plus qu'un simple citoyen
» à la conservation des personnes et des pro-
» priétés.

« Je termine en vous observant que l'instant où
» la patrie est en danger, doit être pour les ames
» généreuses celui d'oublier les causes de division
» qui peuvent exister entre les familles. Je vous
» offre, au nom de la mienne, et en mon nom par-
» ticulier, l'assurance d'un desir sincère de rappro-
» chement, etc. etc. »

Tels furent les motifs qui me firent obéir à l'injonction qui m'était faite par l'arrêté du Conseil provisoire.

Ils ne seraient pas époux, ils ne seraient pas pères, ils n'auraient point d'amis, point de parens, point de patrie, ceux qui me feraient un crime d'avoir cédé à de si puissans motifs! Et j'ose dire que c'eût été une lâcheté à moi de braver le danger public par une obstination qu'aucune considération n'aurait pu excuser.

Eh ! quoi, l'ennemi était à nos portes, car à cette époque nous étions encore en guerre avec l'Angleterre, ses vaisseaux couvraient nos mers et avaient fait prisonnier le général Lacrosse ; nous avions une invasion à craindre, des mouvemens intérieurs à redouter, et il fallait confier la garde de l'entrée de la colonie à un noir, à un homme qui, sans faire partie de la force armée de terre, c'est-à-dire, de ceux qui venaient de se révolter, et qui étaient encore dans la plus grande agitation, avait peut-être le même esprit, et se serait joint à eux au premier signal ! Il fallait, par un refus criminel de ma part, et pour de vaines considérations, mettre la colonie à la discrétion d'un tel homme, l'exposer à de nouvelles secousses, et par conséquent aux plus grands malheurs !

Je le demande, ne serais-je pas bien coupable d'avoir persisté dans mon refus ?

Mais, puisqu'il faut le dire, je respectai jusqu'à l'injustice du général Lacrosse, en redevenant, momentanément, chef des mouvemens.

En effet, le citoyen Flary, nommé par le général Lacrosse pour me remplacer, ne fut point *destitué* par le Conseil provisoire : il continua durant le séjour qu'il fit dans la colonie, après l'arrêté qui me réintégrait, à exercer ses fonctions concurremment avec moi, jusques à son départ. Comme j'étais son supérieur en grade, il ne prit que la qualité d'adjoint, mais il ne jouit pas moins de ses appointem ns, et je n'en exigeai moi-même aucuns, puisque ma réintégration n'était, en quelque sorte, que pour la forme, et seulement pour écarter les hommes qui avaient voulu se faire nommer.

Ainsi, comme on le voit, je fus bien de nouveau, chef des mouvemens, en apparence, mais sans que pour cela le citoyen Flary cessa de l'être.

A la vérité, j'en remplis seul les fonctions à son départ, mais ce fut toujours gratuitement, et seulement jusques à l'arrivée d'un nouveau capitaine-général.

Il est donc évident que je conciliai autant qu'il était en moi, et autant que ma position difficile et l'intérêt des habitans le permettaient, l'arrêté du général Lacrosse, avec celui que les circonstances avaient forcé le Conseil provisoire de prendre; et que tout injuste qu'est ce premier arrêté, je n'ai cessé d'y être soumis.

Dira-t-on que je ne devais accepter aucune fonction du Conseil provisoire? Mais ne viens-je pas de répondre victorieusement à cet injuste reproche? Ne viens-je pas de prouver que ma réintégration et mon acceptation ne furent, en quelque sorte, que factices, et commandées par les circonstances?

Et d'ailleurs, pourquoi m'adresserait-on particulièrement ce reproche, lorsque vingt-trois citoyens, les uns hommes de loi, les autres notaires, les autres planteurs, les autres négocians, ont été appellés par le Conseil provisoire à des fonctions importantes qu'ils ont acceptées, sans que personne les en ait blâmé, et sans qu'on ait jamais eu l'idée d'en faire la matière d'une accusation contre eux?

Mais il y a plus : c'est qu'avant de me rendre aux

vœux du Conseil provisoire, je consultai tous les fonctionnaires publics, dont aucun n'avait abandonné son poste (*); et que tous, non-seulement me donnèrent leur assentiment, mais m'engagèrent, par tout ce qu'il y avait de plus pressant, d'accepter.

A présent que ceux qui m'auraient accusé, fussent-ils mes ennemis, me jugent. Ils seront forcés de dire avec moi, que je ne cédai qu'à l'empire des circonstances, en reprenant, momentanément, mes fonctions, et que le salut de la colonie, et par conséquent l'intérêt de la métropole, me faisaient un devoir de les reprendre.

J'arrive aux derniers événemens dont je fus témoin dans la colonie. Le 15 floréal, la Division française qui apportait un nouveau capitaine-général fut signalée.

Une députation de laquelle j'eus l'honneur d'être membre, et composée des citoyens *Frasans*, l'un des membres du conseil; *Darbousier* père, négociant; *Sévin*, capitaine dans la troupe de ligne; *Prud'homme*, aide-de-camp, fut chargée d'aller à sa rencontre, et de lui porter les vœux et les assurances de la plus entière soumission, tant de la part du Conseil provisoire, que de la part de la force armée et de tous les habitans.

J'avais embarqué douze pilotes côtiers à bord du bâtiment chargé de porter la députation, pour

---

(*) Voyez Pièces justificatives, Nos. 33 et 34.

faire

faire entrer la division française que nous ne pûmes joindre que le lendemain.

Arrivée à bord de l'amiral, la députation offrit au général en chef Richepance, de la part du Conseil provisoire, de tous les habitans, les assurances de la plus entière soumission ; mais il fut impossible de dissiper les préventions qu'on lui avait inspirées contre la colonie : la députation ne trouva d'autre moyen de le persuader que de s'offrir en ôtage. Le général accepta cette offre, et fit consigner les députés dans la chambre de conseil, en leur disant : *Vos têtes me répondront du premier coup de fusil qui sera tiré.*

Il donna ensuite l'ordre de faire entrer les frégates dans le port de la Pointe-à-Pitre : Le débarquement des troupes s'effectua au milieu des acclamations des habitans accourus en foule, pour en être témoins, et en présence du chef de brigade Pélage, de l'état-major, du Conseil provisoire, et de tous les fonctionnaires publics ; à minuit, les ôtages furent relâchés, et je me retirai chez moi.

Le 20, je fus arrêté avec vingt-sept autres officiers, fonctionnaires publics ou habitans, conduit au fort de la Victoire, et, le même soir, envoyé à bord de la frégate *la Consolante;* elle appareilla, peu de jours après, pour se rendre à la Basse-Terre, porter des secours contre les rebelles dont nous essuyâmes le feu. J'écrivis au général en chef pour lui demander d'être jugé, et de partager les dangers de l'armée et des habitans ; il me fit venir à bord du vaisseau *le Redoutable,* m'interrogea, et convaincu que ma conduite était irréprochable, il m'autorisa par écrit, à me rendre librement dans mes foyers (*). Je reçus dans cette circonstance des témoignages particuliers de l'estime du général *Sériziat*, à laquelle j'avais acquis quelques droits par ma conduite durant son séjour à Marie-Galante, en facilitant la correspondance secrète qu'il avait avec le Conseil provisoire.

Mais le 27 prairial, je fus invité, par le commandant de l'arrondissement de la Grande-Terre, à me rendre auprès du général en chef pour recevoir ses ordres ultérieurs. Je m'y rendis, le premier messidor : le général *Richepance* m'annonça que le ministre de la marine me mandait à Paris, pour y rendre compte de la conduite que j'avais tenue dans les malheureux événemens de la Guadeloupe. Il m'indiqua un vaisseau; mais je tombai malade au moment de son départ. Je fus ensuite envoyé à bord de la frégate *la Pensée* (*). Le général Richepance mourut; il fut remplacé par le contre-amiral Lacrosse; et le 26 fructidor, la frégate partit de la Basse-Terre pour se rendre en France. Je suivis sa destination, laissant après moi, dans la colonie, des propriétés, des affaires d'intérêt en litige, et sur-tout une jeune épouse, deux enfans en bas âge, et une nombreuse famille dont je suis l'unique soutien.

(*) Voyez Pièces justificatives, Nos. 35 et 36.

(**) Voyez Nos. 37 et 38.

Arrivé à Brest, le 20 vendémiaire an 11, croyant pouvoir me rendre librement auprès du ministre de la Marine, conformément aux ordres dont j'étais porteur, je fus constitué prisonnier, transféré à l'hospice, et enfin conduit, de brigade en brigade, à la conciergerie de Paris.

Ces nouveaux détails que j'ai cru nécessaires n'ont sans doute pas fait perdre de vue ma justification.

J'ai fourni la carrière pénible dans laquelle elle m'a entraîné.

J'ai prouvé que j'étais étranger aux événemens du 29 vendémiaire et du 2 brumaire.

J'ai prouvé que le général Lacrosse m'avait dépouillé, sans motif, et par un acte tortionnaire et tyrannique, de mes fonctions de chef des mouvemens, et qu'il s'était rendu coupable envers moi de punition arbitraire.

J'ai prouvé que je n'avais cédé qu'à l'empire des circonstances en reprenant momentanément mes fonctions, et que le salut de la colonie, et par conséquent l'intérêt de la métropole, me faisaient un devoir de les reprendre.

J'ai repoussé tous les reproches, toutes les accusations que la malveillance et la calomnie avaient voulu diriger contre moi.

En un mot, je me suis justifié.

Puisse le général Lacrosse trouver dans ma justification une leçon utile pour l'avenir! Puisse-t-il ne plus oublier que le respect pour les lois, que la justice et la modération doivent être les premières règles de la conduite des hommes en place.

Pour moi, plein d'admiration et de respect pour la personne du PREMIER CONSUL ; plein de confiance en sa justice, j'attendrai avec le calme de l'innocence, qu'il daigne mettre un terme à mon injuste détention et à mes malheurs.

P. MONROUX.

LEBON, défenseur officieux, conseil.

PIÈCES JUSTIFICATIVES.

N°. 1.

Il est ordonné au sieur P. *Monroux* de se rendre à bord du bateau du roi *la Vigie*, en qualité de second etc., aux appointemens qui seront ordonnés à la Basse-Terre, d'où il recevra sa commission en forme.

A la Pointe-à-Pitre, le 1er. avril 1781; signé Vian.

Enregistré au contrôle de la marine; signé Vermond.

N°. 2. *Alexandre-Elzéar Bacqui, comte d'*Arbaud de Jouques, chevalier, chef d'escadre des armées navales, gouverneur lieutenant-général pour sa majesté des îles *Guadeloupe, Marie-Galante* et dépendances.

Jean-Baptiste-Etienne-Honoré-Constant de Boispineau, écuyer, conseiller du roi en ses conseils, commissaire ordonnateur desdites îles.

Etant nécessaire de nommer au commandement du bâteau du roi *la Vigie*, établi à l'entrée du port de la Pointe-à-Pitre, etc.

Sur la connaissance que nous avons de la capacité, probité et fidélité du sieur Pierre *Monroux* cadet, nous l'avons nommé et commis, nommons et commettons capitaine du bateau du roi *la Vigie*, pour l'entrée de la rade de la Pointe-à-Pitre, etc.

Ledit sieur P. Monroux prêtera, devant MM. *de la Saulais*,

commandant en second des îles Guadeloupe et dépendances, *Vian*, commissaire des colonies, le serment requis, etc.

Donné à la Basse-Terre, sous le sceau de nos armes et le contre-seing de nos secrétaires, le 16 avril 1781.

Signé le Comte d'ARBAUD. Constant de BOISPINEAU.

Par M. le général, signé PITEL, secrétaire,

Par M. le commissaire ordonnateur, signé PINEL D'ORTION.

Enregistré au Contrôle, signé MERCIER.

N°. 3. *Alexandre-Elzéar Bacqui, comte* D'ARBAUD DE JOUQUES, etc.

Claude-Nicolas FAYOLLE, écuyer, conseiller du roi, commissaire des colonies, faisant fonctions d'ordonnateur, etc.

Le bien du service exigeant à la Pointe-à-Pitre une personne capable de remplir les fonctions d'aide-de-port, pour, en ladite qualité, seconder le capitaine de port audit lieu, et remplir ses fonctions dans ses absences occasionnées par les circonstances de la guerre, qui le mettent souvent dans le cas d'être employé au service des escadres de sa majesté, en station dans ces parages;

En conséquence, sur les bons témoignages qui nous ont été rendus de la capacité, bonne conduite et expérience du sieur *Pierre Monroux*, nous l'avons établi, par la présente commission, aide-de-port à la Pointe-à-Pitre, à la charge par lui de bien fidèlement s'acquitter des devoirs de sa place, et de se conformer à tout ce qui est prescrit par les ordonnances et réglemens concernant le service des ports.

Sera la présente commission enregistrée au contrôle.

Donné à la Basse-Terre Guadeloupe, sous le sceau de nos armes et le contre-seing de nos secrétaires, le 1er. octobre 1781.

Signé le comte d'ARBAUD. Signé FAYOLLE.

Par M. le général, signé PITEL.

Par M. l'ordonnateur, signé PINEL D'ORTION.

Enregistré au contrôle, le 23 octobre 1781, signé MERCIER.

N°. 4. *Jean-Thomas* BAUNÉ DE LA SAULAIS, brigadier des armées du roi, chevalier de l'ordre royal et militaire de Saint-Louis, commandant par intérim les îles *Guadeloupe*, *Marie-Galante* et *dépendances.*

Joseph-François FOULQUIER, chevalier, etc. conseiller du roi en tous ses conseils, conseiller au parlement de Toulouse, intendant de justice, police, finances, guerre et marine desdites îles.

Etant nécessaire de pourvoir à l'exercice, par intérim, de la place de capitaine de port à la Pointe-à-Pitre, vacante par le départ du sieur Lesage pour France. Nous, sur les bons témoignages qui nous ont été rendus du sieur *Pierre Monroux*, avons commis et commettons ledit sieur *P. Monroux*, pour exercer, par intérim, la place de capitaine de port à la Pointe-à-Pitre, et en faire les fonctions jusques à ce que le sieur *Lesage* soit revenu, ou qu'il y ait été pourvu, si le cas y échoit, par MM. le général et intendant de cette colonie.

Donné sous le sceau de nos armes, et le contre-seing de nos secrétaires.

Fait à la Basse-Terre, le 18 avril 1783.

Signé, LA SAULAIS. Signé FOULQUIER.

Par M. le commandant, signé, *Baugé.*

Par M. l'intendant, signé, *Tabouillot.*

Enregistré au contrôle de la marine, signé *Vermond.*

N°. 5. *Extrait d'une lettre écrite au ministre de la marine par le général* LA SAULAIS, *en date du 29 janvier* 1784.

Le sieur *P. Monroux*, aide-de-port à la Pointe-à-Pitre, très-bon sujet, actif et vigilant, a fait et fait encore les fonctions de capitaine. Pour attacher cet officier à ce port, où, pendant cette guerre, dans les absences du sieur Lesage sur les escadres, il a fait avec capacité et intelligence le service; je vous supplie, Monseigneur, à cette considération, de vouloir bien lui accorder un brevet d'officier de port.

M. *le vicomte de* DAMAS doit mettre sous vos yeux ses services, etc.

N°. 6. *A Messieurs les maire et officiers municipaux de la paroisse des* Abymes *et ville* de la Pointe-à-Pitre.

MESSIEURS,

Rien de ce qui peut être utile n'est étranger à votre administration, et si dans la multiplicité de vos continuelles et précieuses occupations, un seul objet pouvait échapper à votre zèle et à votre surveillance, il suffirait de vous l'indiquer pour qu'il fût accueilli. Aussi les capitaines des bâtimens du commerce s'empressent-ils de vous adresser leurs vœux pour qu'il vous plaise, Messieurs, vous occuper du motif de leur adresse : il est important, sans doute, puisqu'il a pour but la sûreté de ce port, et celle de tous les bâtimens qui entrent ou sortent de la rade de la Pointe-à-Pitre.

Depuis plusieurs jours, le capitaine de port est absent, on sait pourquoi il a quitté son poste qu'il n'eut pas dû abandonner; mais on est étonné de ne plus le voir. Il a renoncé sans doute à sa place; il est instant, Messieurs, pour les intérêts du commerce, que vous la fassiez occuper sans délai : nous aurons tous le plus grand desir de voir votre choix se décider en faveur d'un homme dont les brevets dont il doit être porteur attesteraient dix années de travaux utiles dans ce port, si ses soins assidus, son zèle et son activité, dont la ville et la rade ont été le témoin, ne suffisaient.

Vous l'avez déjà nommé, Messieurs : c'est le citoyen *Monroux*; et cet éloge est trop mérité pour qu'il puisse être soupçonné de partialité. Les marins savent rendre justice, et c'est tout.

Les capitaines osent se flatter, Messieurs, que vous prendrez en grande considération une demande qui intéresse vivement leur tranquillité : ils vous prient d'agréer, avec l'hommage de leur respect, les vœux qu'ils font pour vous, et de permettre qu'ils vous portent avec tous les bons citoyens, le tribut de l'éloge, d'admiration et de reconnaissance qu'on doit être jaloux de payer à vos travaux, à votre sage fermeté, à tous vos succès.

Signé, Le Vilain; Canon; Jh. Pinchaud; Fremont; Renaud; D. Jenty; Bequet; Boeuf; Pallotes; Bourdichon; Jn. David; Cherchy; A. Bichon; Thaurin-Hébert fils; Delacroix; Mahé; Bunel le jeune; Jn. Maggendy; Graves; Aimond; Jn. Fabre; Bory; Moncousu; Ls. Murat; Barbel; Grénot (tous capitaines); T. Coppinger; P. Bascave (commissaires du commerce).

Collationné conforme à l'original déposé au greffe de la municipalité des Abymes. Signé, *Caillat*, secrétaire-greffier.

N°. 7. Maison-Commune *de la Pointe-à-Pitre.*

La municipalité voulant reconnaître les services que le citoyen Monroux a rendus à la chose publique, dans la position critique où la ville de la Pointe-à-Pitre s'est trouvée; vu l'adresse à la municipalité, signée de tous les capitaines de la rade, qui rendent les témoignages les plus satisfaisans du zèle, de la conduite, de l'intelligence et des talens dudit citoyen *Monroux*, et attendu l'absence du capitaine de port, qui a abandonné son poste, et a laissé vacante une place à laquelle il est instant de nommer; la municipalité en pourvoit provisoirement ledit citoyen *Monroux*, qui jouira de tous les droits, émolumens et prérogatives qui y sont attachés, et prêtera serment à la municipalité d'en remplir toutes les fonctions avec zèle et activité, et de se conformer aux ordonnances et usages qui y sont relatifs.

Arrêté en conseil municipal, à la Pointe-à-Pitre, le 3 janvier 1793. Signé, *Pénicaud*, officier municipal.

Enregistré au contrôle de la marine. Signé, VERMOND.

AU NOM DE LA RÉPUBLIQUE FRANÇAISE.

N°. 8. BREVET de capitaine de port provisoire de la ville Pointe-à-Pitre, île Guadeloupe.

Pour le citoyen *Pierre Monroux*.

LE POUVOIR EXÉCUTIF PROVISOIRE de la République française, aux îles Guadeloupe et dépendances, prenant une entière confiance dans la valeur, bonne conduite, zèle et fidélité à la patrie, dont a donné des preuves, dans toutes les occasions, le citoyen *Pierre Monroux*, l'a nommé et nomme à la place de capitaine de port provisoire de la ville Pointe-à-Pitre, en ladite île, pour en faire les fonctions sous l'autorité de qui de droit, après en avoir prêté le serment, et aux appointemens qui sont attachés à ladite place.

Mande et ordonne le pouvoir exécutif des îles Guadeloupe et dépendances, à la municipalité du lieu, à l'ordonnateur civil de la marine, et à tous ceux qu'il appartiendra, de le reconnaître et faire reconnaître en ladite qualité de capitaine de port provisoire.

Donné à la Pointe-à-Pitre, île Guadeloupe, ce 27 janvier 1793, l'an 2 de la République française.

Le gouverneur provisoire des îles Guadeloupe et dépendances. *Signé*, LACROSSE.

Par le citoyen gouverneur provisoire des îles Guadeloupe et dépendances. Signé, *Louis Maisières*.

Enregistré au contrôle particulier de la Pointe-à-Pitre. Signé, *Paquenesse*.

Enregistré au contrôle de la marine. Signé, *Vermond*, contrôleur.

N°. 9. *Copie d'une lettre du citoyen* LACROSSE, *capitaine de vaisseau, et commandant la station des îles du Vent.*

Au fort de la République, le 24 avril 1793, l'an 2 de la République française.

CITOYEN,

D'après ce que j'ai vu dans mon séjour à la Pointe-à-Pitre, pour la sortie des bâtimens, et combien il serait utile et allégeant pour le commerce de voir établir des *corps-morts*, un de mes premiers soins (parce que je puis en ce moment quelque chose dans cette partie), a été de m'en occuper; j'ai trouvé, dans les magasins du fort de la République, bien au-delà de ce qui est nécessaire pour leur établissement, en chaînes, ancres et coffres. J'en ai déjà conféré avec le général (Rochambeau), qui, comme moi, en a senti la nécessité; je voudrais que vous me fissiez passer un plan où fussent déterminés tous les points où les corps-morts sont nécessaires, en spécifiant, dans chaque endroit, la quantité de chaînes et leur longueur nécessaire. En attendant les coffres, vous pourriez faire faire, avec les mâts de la Didon, des bouées doublées en cuivre pour soutenir les anneaux. Si ce plan peut convenir à la ville de la Pointe-à-Pitre, je vous prie de vouloir bien vous occuper de ce que je vous demande pour leur établissement; *votre zèle, votre activité; et par-dessus tout, votre patriotisme*, me sont assez connus, pour croire que vous ne négligerez rien, si mon projet n'éprouve pas de difficultés. Je suis incertain si le général *Rochambeau* me laissera sortir, mais si je vais de vos côtés, vous me reconnaîtrez à la flamme, au pavillon national, et un yack au mât de misaine.

Ne soyez pas étonné de l'élévation de mes perroquets et de ma perruche : j'ai changé cette mâture.

Salut, CITOYEN,

Le commandant la station. Signé, LACROSSE.

N°. 10. *Lettre du général* Collot, *gouverneur de la Guadeloupe et dépendances.*

Tout ce qui tend, citoyen, à l'utilité publique, m'intéressera toujours infiniment. Je vous remercie de la note que vous m'avez envoyée.

Continuez de mettre dans votre service toute la sollicitude que le devoir du poste important que vous occupez vous dicte ; c'est le seul moyen de se garantir de tous reproches.

Salut. Le gouverneur des îles Guadeloupe et dépendances. *Signé*, Collot.

Au nom du peuple Français.

N°. 11. *Georges-Henri-Victor* Collot, maréchal des camps et armées de la République française, gouverneur-général des îles Guadeloupe et dépendances.

Il est ordonné au citoyen *Monroux*, capitaine de port de la Pointe-à-Pitre, de se transporter à bord de tous les bâtimens sous pavillons de la République française et neutres, pour requérir des capitaines-commandans desdits bâtimens, ou autres personnes qui pourraient être chargées des lettres ministérielles ou dépêches du gouverneur-général (Rochambeau) pour nous les faire parvenir directement, sans que qui que ce soit puisse s'en emparer ; et en cas où quelques violences lui seraient faites, lui recommandons expressément d'en rendre compte au citoyen *Lafolie*, commandant en second, pour faire les protestations nécessaires, soit à la municipalité, ou devant un officier public, dont il nous enverra expédition.

Basse-Terre, le 20 pluviose an 2 de la République française, une et indivisible. *Signé*, V. Collot.

N°. 12. Le ministre de la marine et des colonies,

Au citoyen Monroux, capitaine de port, à la Pointe-à-Pitre.

Je te préviens, citoyen, que tu as été nommé, sur ma proposition, à la place de capitaine de port à la Pointe-à-Pitre, île Guadeloupe pour y veiller, sous les ordres du commandant des armes, à la liberté et sûreté dudit port. Je joins ici l'ordre en conséquence. *Signé* Dalbarade.

N°. 13. BREVET DE CAPITAINE DE PORT.

République Française.

Marine, cinquième division.

Je, *Jean* Dalbarade, ministre de la marine et des colonies.

Il est ordonné au citoyen *Monroux*, capitaine de port à la Pointe-à-Pitre Guadeloupe, de suivre, en ladite qualité, sous les ordres du commmandant des armes, les mouvemens du port de la Pointe-à-Pitre, conformément à la loi du 28 juin 1793 (vieux style). Il jouira du traitement qui lui est attribué par ladite loi.

Fait à Paris, le 4 pluviose an 2 de la République Française, une et indivisible. *Signé* Dalbarade.

Au port de la Liberté, le 20 floréal an 3 de la République Française une et indivisible.

N°. 14. Le général de division, *commandant en chef la force armée à la Guadeloupe et dépendances*,

Certifie que, lors de son arrivée en la colonie, en prairial an 2, il a trouvé, dans les prisons du Port de la Liberté, ci-devant Pointe-à-Pitre, le citoyen *Monroux*, comme ennemi des Anglais; que depuis sa sortie desdites prisons, il a été employé comme capitaine de port, a concouru avec les républicains à la conquête de la Guadeloupe, a montré, dans toutes les occasions, le courage, l'honneur et le zèle qui caractérise un brave officier.

Certifie en outre que lorsqu'il fut nommé général en chef de l'armée de la Guadeloupe, et projeta de réduire les Anglais, en les prenant par le revers de leur ligne d'attaque, ce fut le citoyen *Monroux* qui, dans la nuit la plus obscure, dirigea et conduisit, avec beaucoup d'intelligence, la flotille; qu'il effectua son débarquement à la Goyave, et contribua à faire chasser les Anglais de la Guadeloupe.

En foi de quoi lui a été délivré le présent certificat pour lui servir et valoir ce que de droit. *Signé* PÉLARDY.

N°. 15. EXTRAIT *des registres de l'agence particulière du Ditoire Exécutif, aux îles du vent.*

Le citoyen *Monroux*, capitaine de port, sera chargé, jusqu'à nouvel ordre, en la même qualité, du service de celui de la Baie-Mahaut. Il exercera en même tems les fonctions dans l'un et l'autre port; il jouira des émolumens y attachés.

Au port de la Liberté, le 16 messidor l'an 4 de la République Française une et indivisible. Signé LEBAS.

Signé VIEL, secrétaire général de l'agence.

Enregistré au contrôle de la Marine. Signé BRESSON.

N°. 16. *Corentin-Urbain* LEISSEGUES, *contre-amiral, commandant les forces navales en station aux îles du vent.*

Il est ordonné au citoyen *Monroux*, capitaine de port au Port de la Liberté, de se charger seul des mouvemens de ce port, et d'y joindre le détail du bureau major; il correspondra directement avec moi pour les mouvemens extraordinaires.

Basse-Terre, le 5 germinal l'an 5 de la République Française. Signé LEISSESGUES.

Enregistré au contrôle de la Marine. Le contrôleur,

Signé VERMOND.

N°. 17. *Extrait d'une lettre du contre-amiral* LEISSEGUES.

Basse-Terre, le 30 prairial l'an 6 de la République Française.

CITOYEN CAPITAINE,

Je vous envoie, ci-inclus, un certificat qui, en peu de mots, prouvera dans tous les temps qu'elle a été votre conduite dans les colonies et vos connaissances en marine, en coopérant avec nous, par le peu de moyens que vous aviez à votre disposition, à expulser les Anglais de cette terre francaise, etc.

Signé LEISSEGUES.

Basse-terre, le premier messidor l'an 6.

N°. 18. *Corentin-Urbain* LEISSEGUES, *contre-amiral, commandant des forces navales en station aux îles du vent.*

Certifie que le citoyen *Monroux*, capitaine de Port, au Port de la Liberté, ile Guadeloupe, était en prison quand la première division est arrivée, comme ennemi d'opinion des gouvernans (des Anglais); qu'aussi-tôt qu'il en est sorti, il s'est réuni aux républicains, et s'est rangé sous mes ordres. Je ne puis que rendre justice aux talens et au républicanisme de cet officier; il a concouru avec nous, par son énergie, à la conquête de la Guadeloupe, et mérite, à juste titre, l'estime de ses concitoyens. Signé LEISSEGUES.

N°. 19. Je soussigné, *général divisionnaire*, certifie que le citoyen *Monroux* a servi, pendant la durée de mon commandement à la Guadeloupe, en qualité de capitaine de port, au Port de la Liberté, qu'il a toujours rempli ses devoirs avec zèle et intelligence, et que je lui ai de même reconnu les sentimens du républicanisme et de l'honneur; c'est pour rendre hommage à la vérité que je lui ai délivré le présent certificat.

Port de la Liberté, le 17 frimaire septième année républicaine,

Signé J. BOUDET.

N°. 20. *Extrait d'une lettre du général* DESFOURNEAUX.

Au port de la Liberté, le 12 pluviose an 7 de la République Française.

L'agent particulier du Directoire Exécutif, aux îles du vent, au citoyen Monroux, capitaine de port, au Port de la Liberté.

J'ai lu avec intérêt, citoyen, la lettre que vous m'avez écrite, le 6 de ce mois. Je vais m'occuper des diverses propositions qu'elle contient, et je vous invite à me transmettre toutes celles qui pourront contribuer à perfectionner le service dont vous êtes chargé, et à procurer des avantages au commerce. Recevez, citoyen, l'assurance que je saurai toujours distinguer les officiers qui, comme vous, servent avec zèle leur pays, et qu'ils peuvent compter sur mon estime et la bienveillance du Gouvernement.

Salut et fraternité. Signé DESFOURNEAUX.

N°. 21. *Extrait des registres de l'agence particulière du directoire exécutif, aux îles du Vent.*

L'AGENT PARTICULIER du directoire exécutif, aux îles du Vent, d'après la connaissance particulière et personnelle qu'il

a

a des services du citoyen Monroux dans la marine militaire, services d'ailleurs attestés par les certificats honorables et les brevets qu'ils lui ont mérité; s'étant fait représenter le tout, et convaincu que ledit citoyen *Monroux* est entré au service de la marine en l'année 1776 (v. s.), qu'il a successivement passé par les différens grades, etc. que le 18 avril 1783 (v. s.), il a été nommé capitaine de port par *intérim* à la Pointe-à-Pitre, aujourd'hui Port de la Liberté, et breveté titulaire de ce grade par le ministre de la marine *Dalbarade*, le 4 pluviose an 2.

Considérant que cet officier, est depuis longtems lieutenant de vaisseau de la république, qu'il est de toute justice de le faire jouir de l'avancement dû aux services qu'il n'a cessé et ne cesse de rendre à la chose publique, autant par son zèle, son activité, que par son intelligence et ses talens distingués;

Arrête ce qui suit :

Le citoyen *Monroux*, lieutenant de vaisseau, chef des mouvemens du Port de la Liberté, est nommé capitaine de frégate; il lui sera en conséquence délivré le brevet de ce grade.

Il est enjoint aux officiers de la marine militaire de tous grades, aux officiers de l'administration civile de la marine, et à tous marins, matelots et autres, de le reconnaître en ladite qualité.

Fait au Port de la Liberté, en la maison nationale, le premier germinal, an 7 de la République française, une et indivisible. *Signé*, DESFOURNEAUX.

Par l'agent particulier du directoire exécutif, le secrétaire général; signé, *Roydot.*

Pour expédition conforme; *signé*, DESFOURNEAUX.

Par l'agent particulier, etc. Signé, *Roydot.*

Enregistré au contrôle. Le contrôleur de la marine. Signé, *Vermond.*

MARINE MILITAIRE.

Constitution française, art. 156. « *Les agens particuliers exerceront les mêmes fonctions que le directoire exécutif, et lui seront subordonné.* »

AU NOM DE LA RÉPUBLIQUE.

N°. 22. Brevet de capitaine de frégate.

Pour le citoyen P. Monroux, né à la Martinique, le 9 octobre 1765 (v. s.)

L'agent particulier du directoire exécutif nomme le citoyen P. Monroux, à l'emploi de capitaine de frégate, pour en jouir à compter de ce jour.

Il est *ordonné* aux amiraux, vice-amiraux, contre-amiraux, chefs de divisions, capitaines de vaisseaux, capitaines de frégates, lieutenans de vaisseaux, enseignes entretenus, et non entretenus, soldats, matelots, et autres qu'il appartiendra, de le reconnaître en ladite qualité.

Au Port de la Liberté, le 1er. germinal l'an 7 de la République française, une et indivisible.

L'agent du directoire exécutif. *Signé*, DESFOURNEAUX.

Par l'agent du directoire exécutif, le secrétaire-général. Signé, *Roydot.*

Enregistré au contrôle de la marine. Signé, *Vermond.*

AU NOM DE LA RÉPUBLIQUE FRANÇAISE.

Liberté. *Mouvemens des ports.* *Égalité.*

N°. 23. *Brevet de chef des mouvemens de deuxième classe, pour le citoyen Pierre Monroux.*

Les agens des CONSULS de la République française, aux îles du Vent, nomment le citoyen *Pierre Monroux*, à l'emploi de chef des mouvemens de deuxième classe, pour en jouir à compter du 1er. du mois de nivose dernier, il exercera ses fonctions au Port de la Liberté.

Il est ordonné aux ordonnateurs, commissaires principaux, contrôleurs, directeurs de génie et de l'artillerie, commissaires et sous-commissaires, chefs et sous-chefs des mouvemens, officiers de santé, maîtres entretenus, officiers militaires, soldats, marins et ouvriers, de le reconnaître en ladite qualité.

Au Port de la Liberté, île Guadeloupe, le 6e. jour du mois de pluviose, l'an 8 de la République française, une et indivisible. Signé, JEANNET, E. LAVEAUX, BACO.

Par les agens des Consuls, le secrétaire-genéral. Signé, *Edme Mauduit.*

Enregistré au contrôle. Signé, *Vermond.*

Port de la Liberté, le 22 germinal, an 9 de la République française, une et indivisible.

N°. 24. Les agens des CONSULS de la République française, aux îles du Vent.

Au citoyen *Monroux*, chef des mouvemens du port, au Port de la Liberté.

Ci-joint une ampliation, citoyen, de notre arrêté de ce jour, qui vous investit, conformément à la loi, des fonctions de *commandant des armes*, en ce port; nous sommes persuadés qu'en ajoutant à vos obligations, nous ne trouverons, ni votre activité, ni vos talens au-dessous de vos nouveaux devoirs.

Vous aurez soin, pour tout ce que vous jugeriez utile à la garde militaire et sûreté des *ports*, *forts* et *batteries*, dépendans de la marine, de communiquer vos idées, par écrit, au commandant en chef, ou au commandant d'arrondissement sous ses ordres, en le priant de déférer à vos propositions, en tant qu'elles pourront se concilier avec le service de terre.

Salut et fraternité. Signé, JEANNET, BRESSEAU.

Le secrétaire-général, signé, *Edme Mauduit.*

Liberté. Égalité.

Port de la Liberté, île Guadeloupe, le 22 germinal an 9, de la République française, une et indivisible.

N°. 25. Les agens des CONSULS de la République française, aux îles du Vent.

Vu l'art. 32 du décret du 3 brumaire an 4, portant, que le gouvernement pourra, suivant les besoins du service, établir temporairement des officiers d'état-major de la marine, dans les ports de deuxième classe; et l'art. 48 de la loi du 2 brumaire même année, où il est dit, au titre 4, concernant l'organisation de l'administration des ports secondaires : « que » dans le cas prévu par l'article précité, les fonctions attri» buées aux officiers d'état-major (celles de commandant des » armes), pourront être confiées aux chefs et sous-chefs des » mouvemens; et que dans ce cas, et relativement à ces fonc» tions, ces officiers ne sont pas subordonnés aux commis» saires principaux, » Arrêtent :

Art. I. Les chefs et sous-chefs des mouvemens des ports de la Guadeloupe sont investis des fonctions de commandans des armes.

Art. II. Toutes dispositions contraires à celles de l'article I, et notamment celles de l'arrêté de l'agence du 24 floréal an 8, seront rapportées.

Art. III. Néanmoins le commandant en chef, et les commandans militaires sous ses ordres, continueront à être chargés de la garde militaire et sûreté des ports, des forts, batteries, et postes dépendans de la marine.

Art. IV. Ampliations du présent arrêté seront adressées au commandant en chef, à l'ordonnateur et aux chefs des mouvemens des ports, pour qu'ils s'y conforment, chacun en ce qui le concerne.

Pour ampliation, signé JEANNET, BRESSEAU.

Par les agens des Consuls, le secrétaire-général,

Signé EDME MAUDUIT.

Enregistré au contrôle de la marine, signé VERMOND.

N°. 26. LE GENERAL DE BRIGADE, ex-commandant l'armée de la Guadeloupe et dépendances, certifie que le citoyen *Monroux*, capitaine de frégate, chef des mouvemens du port, au Port de la Liberté, a constamment, depuis l'an 2, époque de mon arrivée dans cette colonie, manifesté des principes sains et conservateurs de son pays; qu'il a déployé dans sa place des talens et une activité qui l'ont fait distinguer d'une manière particulière; et qu'enfin, soit comme particulier, soit comme militaire, il s'est toujours montré digne de l'estime des chefs du gouvernement de la colonie.

Port de la Liberté, le 15 messidor an 9 de la République Française. Signé A. PARIS.

N°. 27. Je soussigné ex-agent des CONSULS de la République française, déclare que, pendant tout le tems de ma mission dans l'île de la Guadeloupe, le citoyen *Monroux*, chef des mouvemens, s'est acquitté des devoirs de sa place d'une manière digne d'éloge, par son zèle et son intelligence dans l'exercice de ses fonctions.

Port de la Liberté, le 14 messidor an 9. Signé JEANNET.

LIBERTÉ. EGALITÉ.

Au quartier général du port de la Liberté, le 9 messidor an 9.

N°. 28. BÉTHENCOURT, *général de brigade, commandant en chef la force armée de la Guadeloupe et dépendances,*

Au citoyen *Monroux*, capitaine de port.

Etant spécialement chargé de la défense militaire de la colonie, il importe beaucoup que tous ceux dont les fonctions tiennent, à quelque égard, à cet objet, correspondent avec moi; je vous invite donc, citoyen, à m'adresser journellement les rapports des mouvemens du port, en y insérant les actions de l'ennemi dont vous auriez eu connaissance.

Il est indispensable d'établir une communication avec Marie-Galante, au moyen de laquelle je puisse faire parvenir sûrement à l'officier qui y commande, les dépêches de service, ainsi je vous prie, etc.

Je vous salue. Signé BÉTHENCOURT.

EGALITÉ. LIBERTÉ.

AU NOM DE LA RÉPUBLIQUE ET DES CONSULS.

N°. 29. R. LACROSSE, *contre-amiral, capitaine-général de la Guadeloupe et dépendances.*

Ordonne au citoyen *Monroux*, chef des mouvemens, de faire tenir, pour ce soir cinq heures, les deux canonnières armées, avec leurs équipages à bord, et prêtes à sortir.

La pirogue à sucre sera armée par des hommes de *la Cocarde;* les gens du pays seront portés sur l'autre. — Que tout soit disposé pour la sortie de la Cornélie, ce soir.

Au palais de la capitainerie-générale, le 15 messidor an 9. *Signé,* LACROSSE.

N°. 30. *Le Conseil formant le Gouvernement provisoire de la Guadeloupe et dépendances;*

Au citoyen ANTOINE HENRY, *capitaine de frégate, commandant* la Cocarde nationale *à la Pointe-à-Pitre.*

Dans l'intention où nous sommes, citoyen, de rendre justice à un brave officier qui a servi constamment la République par ses armes et son opinion, nous vous nommons président d'une commission qui devra être composée de six officiers de marine, dont nous vous abandonnons le choix. Cette commission constatera s'il a été possible au citoyen Monroux, chef des mouvemens de ce port, de faire appareiller et de sortir à l'époque fixée, la frégate *la Cornélie.* Vous savez que la destitution de cet officier a eu lieu pour cette cause, qui lui a été annoncée verbalement par le contre-amiral Lacrosse : vous savez que sa demande juste et légale d'une commission lui a été toujours refusée. Notre but est de rendre toute sa force *à la loi*, qui doit être le seul juge des citoyens et des fonctionnaires publics.

Vous voudrez bien organiser de suite cette commission, afin que, dès cet après-midi, elle puisse se mettre en séance pour nous participer son prononcé et sa décision, sans aucun retard. Signé PELAGE, HYPOLITE FRASANS, DANOIS, C. CORNEILLE.

Par le Conseil, le secrétaire-général, signé P. PIAUD.

N°. 30 bis. *Rapports faits au Conseil formant le Gouvernement provisoire de la Guadeloupe et dépendances,*

Par le capitaine de frégate *Henry*, commandant la frégate *la Cocarde nationale* et la marine militaire, à la Guadeloupe, l'enseigne de vaisseaux *Lagau*, et le pilote côtier *Laurent Lacroix.*

Sur les motifs qui ont empêché que la frégate la Cornélie *ne sortît du Port de la Liberté, le 15 messidor an 9.*

Au Port de la Liberté le 29 brumaire an 10 de la République française, une et indivisible.

Le capitaine de frégate, commandant celle de la République *la Cocarde nationale,*

Aux citoyens commissaires composant le Conseil de la Guadeloupe et dépendances.

CITOYENS,

En répondant directement à l'intention où vous êtes de rendre justice au citoyen *Monroux*, chef des mouvemens en cette colonie, à l'époque du 15 messidor an 9, jour qu'il reçut l'ordre direct du contre-amiral Lacrosse, ci-devant capitaine-général de la Guadeloupe et dépendances, de mettre la frégate *la Cornélie* dehors, je dois, dans le rapport que vous me demandez, vous exposer les faits qui sont à ma connaissance.

Le 15 messidor, an 9 de la République, je fus à bord de ladite frégate pour m'assurer si les hommes de corvée de toutes classes que j'y avais envoyés, travaillaient aux différens ouvrages pressés, afin d'être paré à faire sortir la frégate de cette rade le même soir. Arrivé à bord, je fus invité par le citoyen Monroux, d'examiner l'état où se trouvait la frégate, et de voir l'impossibilité de l'appareiller et la mettre dehors; il ne me fallut qu'un instant pour me convaincre de cette vérité, puisque la majeure partie de l'équipage de *la Cornélie* et celui de la frégate *la Cocarde*, que je commande, étaient occupés à enverguer les voiles, et qu'il y en avait encore sur le pont. Les passagers s'embarquaient dans ce même moment, et le gaillard était rempli de caisses et de malles appartenantes auxdits passagers. Une mutation de troupes s'exécutait encore dans ce moment pressant, où, malgré le zèle des officiers à seconder le desir du citoyen Monroux, ils n'ont pu réussir à avoir assez de monde au cabestan pour virer l'ancre à pic et assez de matelots pour embraquer le grelin qui devait servir à touer la frégate. Ayant parfaite connaissance des faits ci-dessus, je n'ai pu m'empêcher de dire au citoyen Monroux que la frégate ne pouvait mettre dehors dans un état d'encombrement si fort, sur-tout l'ennemi ayant été à vue tout le jour, et par conséquent à même d'observer toute espèce de mouvemens. Il manquait à cette frégate près de 40 hommes, par le dire de plusieurs officiers.

Le citoyen Monroux reçut de nouveau un ordre verbal qui lui fut transmis par les aides-de-camp du capitaine général. Il nous demanda de nouveau notre avis, ainsi qu'aux officiers de *la Cornélie*, et nous lui répétâmes qu'il serait imprudent de se décider à sortir, en ayant examiné de plus en plus l'impossibilité de pouvoir faire face à l'ennemi en sortant.

Voilà, citoyens commissaires, tout ce qui a été à ma connaissance et la pure vérité des choses qui ont eu lieu dans le même soir, dans la journée du 15 messsidor an 9.

Je vous salue bien sincèrement, Signé Antoine HENRY.

Je soussigné, enseigne de vaisseau, certifie la véracité des faits contenus dans le rapport ci-dessus exprimé.

M'étant trouvé à bord de la frégate *la Cornélie* pour être utile au citoyen Monroux qui desirait pouvoir sortir, de nuit, ladite frégate, sans être obligé d'employer des fanaux pour ne pas donner connaissance aux frégates anglaises qui avaient été constamment à vue de la passe.

Pour y parvenir, je devais me transporter avec un canot à chaque bouée pour indiquer avec plus de précision la distance nécessaire.

J'atteste de plus qu'il régnait à bord de cette frégate un désordre affreux; à peine pouvait-on s'entendre, malgré le soin que se donnaient les officiers; la majeure partie des équipages était ivre, jusqu'au maitre d'équipage qu'on a été obligé d'aller chercher dans sa cabane. L'officier de garde lui fit une forte réprimande, et fut obligé de le menacer de le faire casser.

J'atteste que j'ai vu, soit par méchanceté ou autrement, amener cinq fois la grande voile qui était frappée sur deux cartahus, et qu'elle n'était pas finie d'enverguer à minuit.

J'ajoute encore que les équipages des canots américains, qui avaient été demandés par le chef des mouvemens pour aider à remorquer ladite frégate, étaient tous saouls; ce jour-là étant l'anniversaire de leur indépendance, et ils l'avaient solennellement célébré.

J'atteste avoir entendu dire au capitaine *Villemadrin* qu'il ne pouvait sortir de ce port, dans cet état, sans se déshonorer, n'étant pas paré, pas de rôle de combat fait, et qu'il lui manquait quarante hommes (qu'il n'a reçu que le lendemain), et à peine avait-il le tems de faire charger ses pièces, devant présumer avoir un engagement en quittant la passe.

En rendant hommage à la vérité, je dois dire que le citoyen Monroux nous fit part des motifs puissans qui l'empêchaient de remplir l'intention du capitaine-général, et que nous lui conseillâmes de ne pas sortir et risquer cette frégate dans l'état de confusion où elle se trouvait. Signé LAGAU.

Je déclare avoir été envoyé à bord de la frégate *la Cornélie*, capitaine de vaisseau Villemadrin, par le ci-devant capitaine général Lacrosse, pour conduire cette frégate jusqu'à la Basse-Terre; et que m'étant rendu à bord, le 15 messidor an 9, à cet effet, j'ai reconnu l'impossibilité qu'il y avait de le faire par l'encombrement et le trouble qu'il y existait, plusieurs voiles n'étant pas enverguées, l'équipage des bateaux américains saouls par une fête qu'il y avait eu à terre, une partie de l'équipage de *la Cornélie* portée de mauvaise volonté, malgré les représentations des officiers et l'activité qu'ils voulaient mettre à exécuter les ordres donnés par le général.

Signé, Laurent LACROIX.

Pour copie conforme : Signé Magloire PÉLAGE, président; Hypolite FRASANS, DANOIS, C. CORNEILLE.

Par le Conseil : le secrétaire-général. Signé PIAUD.

RÉPUBLIQUE FRANCAISE.

EGALITÉ. LIBERTÉ.

ARRÊTÉ.

N°. 31. *Le Conseil formant le gouvernement provisoire de la Guadeloupe et dépendances.*

D'après le rapport du citoyen Antoine Henry, capitaine de frégate, commandant pour la République la frégate *la Cocarde nationale*, et en ce moment, la rade du port de la Liberté, auquel sont joints, en confirmation, ceux du citoyen Lagau, enseigne de vaisseaux, et du citoyen Laurent Lacroix, maître pilote, PROUVANT ;

Qu'à l'époque de l'ordre donné au citoyen Monroux, chef des mouvemens, par le contre-amiral Lacrosse, de mettre la frégate *la Cornélie* dehors, il lui a été physiquement impossible d'exécuter cet ordre et d'appareiller cette frégate ;

Parce que, 1°. la majeure partie des deux équipages réunis des deux bords, de *la Cornélie* et de *la Cocarde*, était occupée à enverguer des voiles dont plusieurs se trouvaient encore sur le pont, et que cinq fois on a amené la grande voile qui était frappée sur deux cartahus, et qu'on n'avait pas encore achevé d'enverguer à minuit ;

2°. Parce que les passagers, en grand nombre, s'embarquaient dans le même moment ; que le gaillard était encombré de caisses et de malles ; qu'une mutation de troupes s'effectuait ; et qu'il ne se trouvait ni assez de monde au cabestan pour virer l'ancre à pic, ni assez pour embraquer le grelin qui devait servir à touer la frégate ;

3°. Parce que près de quarante hommes manquaient à l'équipage de *la Cornélie*, lesquels n'arrivèrent de la Basse-Terre que le lendemain ; que la majeure partie des matelots, et le maître même de cet équipage étaient ivres ; et que le chef des mouvemens fut privé du secours des canots américains qu'il avait demandés pour aider à remorquer ladite frégate ; parce que ce jour les américains avaient solennellement célébré l'anniversaire de leur indépendance ;

4°. Parce qu'on aurait eu à peine le tems de faire charger les pièces ; que le rôle de combat n'avait point été fait, lorsque cependant les bâtimens ennemis avaient été à vue tout le jour, et que le capitaine de *la Cornélie* devait présumer avoir un engagement avec eux, en quittant la passe ;

5°. Enfin, par l'avis sollicité du citoyen Villemadrin, commandant ladite frégate, concordant avec celui de tous les autres officiers, que ce serait évidemment exposer cette frégate, que de tenter de la sortir dans l'état où elle se trouvait.

D'après ces rapports authentiques, et méritant par-tout la plus grande confiance,

LE CONSEIL, CONSIDÉRANT que le citoyen Monroux n'a rien négligé de ce qui pouvait dépendre de lui pour exécuter l'ordre du contre-amiral Lacrosse; qu'il avait engagé à cet effet le citoyen Lagau, à se transporter avec un canot à chaque bouée pour écarter le moyen dangereux des fanaux, et indiquer avec plus de précision la distance nécessaire; qu'il avait déjà pris enfin toutes les autres mesures qui lui appartenaient pour mettre dehors et appareiller avec sûreté la frégate *la Cornélie*;

Considérant qu'il est de toute injustice de faire perdre, sans aucun jugement préalable, par un seul acte arbitraire, à un brave homme, le mérite de tous ses anciens services;

Considérant que le citoyen Monroux a été breveté capitaine de port le 27 janvier 1793, par ce même général Lacrosse, qui l'a ici destitué simplement, le 16 messidor an 9, sans vouloir donner d'autres motifs que SA VOLONTÉ;

Considérant qu'il a reçu son brevet de capitaine de port du ministre de la marine et des colonies, DALBARADE, le 4 pluviose an 2, au grade de lieutenant des vaisseaux de la République;

Considérant enfin, qu'il a été breveté capitaine de frégate, le 1er. germinal an 7, par arrêté du général Desfourneaux, et qu'il est en outre muni d'une infinité de titres attestant à la fois ses talens, la modération de son opinion, et la constance de son zèle et de son dévouement à son pays;

Après mûre délibération, et dans son intention ferme de rendre à tous une justice impartiale et éclatante;

ARRETE ce qui suit:

ARTICLE PREMIER.

Le citoyen Monroux, capitaine de frégate, est réintégré dans ses fonctions de *Chef des mouvemens au Port de la Liberté*, qu'il lui est enjoint de reprendre.

II. Le présent ARRETÉ sera imprimé au nombre de 200 exemplaires, lu et affiché dans l'étendue de la colonie et de ses dépendances, et envoyé au ministre de la marine par les premières occasions.

Fait à la Maison nationale du Port de la Liberté, le 1er. frimaire, an 10 de la République française.

Signé MAGLOIRE PELAGE, président; Hypolite FRASANS, DANOIS, C. CORNEILLE.

Par le Conseil: *le secrétaire-général*,
Signé P. PIAUD.

LIBERTÉ. ÉGALITÉ.

Port de la Liberté, le 1er. frimaire an 10, de la République française, une et indivisible.

N°. 32. *Le Conseil formant le gouvernement provisoire de la Guadeloupe et dépendances.*

Au citoyen Monroux, *capitaine de frégate, chef des mouvemens, au Port de la Liberté.*

Nous vous adressons, citoyen, une copie pour ampliation de notre arrêté de ce jour qui vous réintègre dans vos fonctions, en vous enjoignant de les reprendre de suite.

Vous voudrez bien vous conformer, sans autre retard, à cet ordre, en le participant, comme il convient, à vos subordonnés. Le citoyen Flary sera votre adjoint.

Salut et fraternité. Signé, *Pélage*, Président; *H. Frasans*, *Danois*, *C. Corneille*, *Piaud*, secrétaire-général.

LIBERTÉ ÉGALITÉ.

Administration de la Marine.

N°. 33. *Le commissaire principal de la Marine, faisant fonction de chef d'administration, à la Guadeloupe et dépendances, et suppléant en l'absence le préfet colonial,*

Au chef des mouvemens du port.

Je vous remets ci-joint, citoyen, deux exemplaires d'une adresse aux autorités militaires et civiles, et à tous les habitans de la Guadeloupe et dépendances, je vous invite à en donner communication aux employés sous vos ordres, et à m'accuser réception de la présente. Je vous salue.

Port de la Liberté, le 15 nivose an 10.

Signé ROUSTAGNENG.

N°. 34. RÉPONSE.

Citoyen,

J'ai reçu l'honneur de votre lettre, datée du 15 nivose, ainsi que les deux exemplaires d'une adresse de votre part aux autorités militaires et civiles, et à tous les habitans de la Guadeloupe et dépendances.

Je me réjouis infiniment, citoyen, du choix qui a été fait de vous, pour remplir de si importantes fonctions; je m'efforcerai de mériter votre estime et votre amitié particulières par le zèle et l'activité que je mettrai à seconder vos vues dans la partie qui m'est confiée. Je me suis empressé d'en donner connaissance aux personnes employées dans ce port.

Salut et respect. Signé P. MONROUX.

Au Port de la Liberté, le 16 nivose an 10 de la République Française.

N°. 35. Copie d'une lettre au général Richepance.

A bord de la frégate de la République, la Consolante, en rade de la Basse-Terre, le 28 floréal an 10.

Général,

J'ai l'honneur de recourir à votre justice pour obtenir la fin d'une détention que je ne crois pas avoir méritée. J'ignore absolument quels en sont les motifs. Ma conscience, général, ne me reproche rien, et j'ose espérer que vous ne tarderez pas à reconnaître la fausseté des inculpations qui ont pu être dirigées contre moi.

En attendant que vous puissiez vous occuper d'affaires particulières, et faire juger ma conduite, je vous prie, général, d'ordonner mon élargissement provisoire; je vous donne ma parole d'honneur de me rendre, sur-le-champ, à mon domicile à la Pointe-à-Pitre, ou tout autre endroit qu'il vous plaira m'indiquer, où je me tiendrai à vos ordres. Du moins, général, s'il y a quelques dangers à courir pour la défense des personnes et des propriétés, je ne serai pas privé de l'honneur de les partager et de servir ma patrie. Si un *officier*, qui a constamment servi son pays (pendant 23 années effectives) avec honneur, avait besoin de caution, je prendrais la liberté de vous en offrir.

Salut et respect. *Signé*, P. Monroux.

N°. 36. Armée de la Guadeloupe.

Le Général en chef autorise le citoyen *Monroux*, à se rendre à la Pointe-à-Pitre, dans ses foyers; il sera tenu de se présenter à la municipalité toutes les fois qu'il en sera requis. A bord du Redoutable, le 6 prairial an 10. Le chef de l'état-major-général. Signé, *Ménard*.

Vu par le général de brigade, commandant d'armes. Signé, *Dumoutier*.

Pointe-à-Pitre, le 27 prairial an 10.

N°. 37. Pillet, *chef de bataillon, commandant d'armes de la place de la Pointe-à-Pitre,*

Au citoyen *Monroux*, ci-devant capitaine de port.

Voulez-vous bien, citoyen, vous rendre, le plus promptement qu'il vous sera possible, et au plus tard dans trois jours, aux ordres du général en chef Richepance à la Basse-Terre. Je vous salue.

Le chef de bataillon. Signé PILLET.

Armée de la Guadeloupe, deuxième division.

Basse-Terre, Guadeloupe, le 5 messidor, an 10 de la République Française.

N°. 38. *Irénée Delacroix, chef de bataillon de la soixante-sixième demi-brigade, commandant la place de la Basse-Terre,*

Au citoyen *Monroux*, ex-capitaine de port, à la Pointe-à-Pitre.

Je suis informé, citoyen, que vous êtes hors d'état de vous rendre à bord, par maladie.

Je vous invite donc à ne pas sortir de chez vous, jusqu'à nouvel ordre. Je vous salue.

Signé DELACROIX.

www.ingramcontent.com/pod-product-compliance
Ingram Content Group UK Ltd.
Pitfield, Milton Keynes, MK11 3LW, UK
UKHW020205200726
13856UKWH00003B/1216